Patrick Alexander Hahn

Geschichte des Pfauenvolkes

Patrick Alexander Hahn

Geschichte des Pfauenvolkes

Jesiden/Esiden/Yeziden-
Von Engeln, Pfauen und Verfolgungen

ISENSEE VERLAG
OLDENBURG

Titelabbildung:
https://it.wikipedia.org/wiki/Yazdanesimo

Bibliografische Information der Deutschen Bibliothek

Die Deutsche Bibliothek verzeichnet diese Publikation in der Deutschen Nationalbibliografie; detaillierte bibliografische Daten sind im Internet über <http://dnb.ddb.de> abrufbar.

ISBN 978-3-7308-1533-5

Gedruckt bei Isensee in Oldenburg

INHALT

1. EINLEITUNG UND IDEE

„Gott schütze zuerst die anderen 72 Völker dann uns“

So lautet eine Zeile aus dem wichtigsten Gebet einer der ältesten, heute noch bestenden, Religion, dem Yezidentum. Die Erwähnung dieser Religion hinterlässt bei vielen Menschen ein Fragezeichen im Gesicht. Durch den vom IS verübten Genozid 2014 wurden die Yeziden für viele zum ersten Mal in den Blickpunkt gerückt.

Dass Deutschland der Staat ist, in dem nach dem Nahen Osten die meisten Yeziden leben, ist den wenigsten bekannt, Yezidische Gemeinden gibt es meist auch nur in Norddeutschland. Aber auch die Menschen, die in direkter Nachbarschaft zu ihnen leben, wissen oft nicht, dass jene, Yeziden sein könnten. Durch Jahrhunderte der Unterdrückung ist es ein sehr stilles Volk geworden. Sie leben in der deutschen Gesellschaft meist ohne aufzufallen. Aus diesem Grund habe ich dieses Buch geschrieben, um einen kleinen Einblick in Religion, Kultur, Gesellschaft und Gemeindeleben der Yeziden zu geben. Die Fragestellungen, welche dieses Buch ihnen beantworten soll, sind:

- Wer sind die Yeziden?
- Was ist ihr Glaube?
- Was ist ihre Geschichte?
- Welche Feste feiern sie?
- Wie ist ihr gesellschaftliches System?
- Wie sind sie hierhergekommen?
- Warum sind sie hierhergekommen?
- Wie und wann wurden die Gemeinden gegründet?
- Wie funktionieren die Gemeinden und das Gemeindeleben?

Das gegenseitige Wissen über Kultur und Religionen aller Menschen in Deutschland kann zu einem besseren Verständnis in der Gesellschaft führen. Mit diesem Buch möchte ich ein Zeichen gegen das Vergessen setzen, denn sobald Themen aus den Medien verschwunden sind, geraten sie im Bewusstsein der Menschen schnell in den Hintergrund. Dass Yezidinnen, wie Nadia Murad (nach ihrer Flucht Uno Sonderbotschafterin), als Sklavinnen gehalten wurden und werden steht fest. Der Leiter der UN Kommission, Paulo Pinheiro, sagte vor Reportern in Genf:
„Es ist bereits ein Völkermord verübt worden und er geht weiter. Die IS-Miliz verübt die entsetzlichsten Gräueltaten an allen jesidischen Frauen, Kindern und Männern, die sie gefangen genommen hat. Sie versuche, die Jesiden, die sie als Ungläubige ansehen, durch Morde, Vergewaltigungen, Versklavungen und Aushungern als Bevölkerungsgruppe auszulöschen."[1]

Um Missverständnissen vorzubeugen:

Viele Yeziden sind Kurden, aber nicht alle Kurden Yeziden. In historischen Quellen wird oft nicht unterschieden und allgemein von Kurden gesprochen. In diesem Buch werden die Yeziden mit Y und Z geschrieben, aber es gibt auch die Schreibweisen: Jesiden, Jeziden, Yesiden, Eziden und Esiden, diese beschreiben aber alle den gleichen Begriff.

Die Yeziden sprechen in ihrer Heimat Kurdisch. Kurdisch ist eine indoeuropäische Sprache. Es gibt drei Hauptdialekte: Südkurdisch, Zentralkurdisch (Sorani) und Nordkurdisch (Kurmanci). Diese Dialekte untergliedern sich noch in Nebendialekte, jedes Tal und jede Siedlung spricht die Sprache mit eigenen Abwandlungen. Die Yeziden sprechen Kurmanci, jeder so wie es in seinem Gebiet gesprochen wird.

---

[1] http://www.n-tv.de/politik/UN-IS-Voelkermord-an-Jesiden-geht-weiter-article17962586.html, Zugriff am 30.12.16

Population der Yeziden vor dem Genozid 2014 [2]

Land	**Anzahl der Yeziden**
Irak	Ca. 600.000 bis 700.000
Iran	Ca. 1.000 bis 3.000
Syrien	Ca. 10.000
Russland	Ca. 40.000
Armenien	Ca. 30.000
Georgien	Ca. 30.000
Türkei	Ca. 500
Deutschland	Ca. 100.000
Sonstige	Ca. 50.000 bis 100.000
Gesamt	Ca. 1.000.000 bis 1.500.000

Heutzutage gibt es keine zertifizierten Zahlen, wie viele Yeziden bis jetzt den Tod gefunden haben, in Gefangenschaft leben oder auf der Flucht sind.

2014 lebten ca. 100.000 Yeziden in Deutschland (siehe Tabelle 1). Die Yeziden leben oft in zweiter oder dritter Generation in Deutschland. Die Ersten sind als Gastarbeiter in den 1960-er Jahren gekommen, um hier zu arbeiten. Im späteren Verlauf des Buches werde ich mich mit den Yezidischen Gemeinden beschäftigen, explizit nehme ich die Gemeinde Oldenburg unter die Lupe.

[2] Tabelle 1: Wo leben heute die Yeziden?, Die Eziden und das Ezidentum, Seite 31

Die Yezidische Gemeinde in Oldenburg ist eine der ältesten Gemeinden Deutschlands. Das erste von den Yeziden selbst errichtete Gemeindehaus wurde dort 1997/98 gebaut. Zur Einweihung dieses Gemeindezentrums sagte der ehemalige Bürgermeister der Stadt Oldenburg Dr. Alfred Nehring: „Wer ein Haus in der Fremde baut, der will auch bleiben“[3].

2 YEZIDISCHE RELIGION

2.1. Allgemeine Erklärung zu der Yezidischen Religion

Das Yezidentum ist eine monotheistisch[4] Religion, ebenso wie das Christentum, das Judentum und der Islam. Es gibt nur einen Gott und es kommen dort viele Inhalte vor, die den Schriften des christlichen alten Testaments gleichen. Zum Beispiel gibt es bei den Yeziden auch Abraham, Adam und Eva oder Moses.

> Im Gegensatz zu den anderen Religionen gibt es keinen bösen Gegenspieler, da es laut den Yeziden keinen Gegenspieler geben kann, wenn Gott allmächtig ist, da Gott einen Widersacher nicht dulden würde. Das bedeutet, wenn ein Yezide etwas Unrechtes tut, muss er die Schuld selber übernehmen und kann sie nicht auf einen Widersacher Gottes schieben. Der wichtigste Aspekt ist, dass das Yezidentum keine Buchreligion ist und aus muslimischer Sicht nicht schützenswert ist. „Das Yezidentum war bis Ende der 1970-er Jahre eine Religion gewesen, die mündlich überliefert wurde. In der Yezidischen Theologie ist es so dass, die religiösen Legenden, also Geschichten von den Heiligen, Gebete, Hymnen und dergleichen von den Shexs und Pirs, das sind die religiösen Würdenträger, von einer Generation auf die nächste überliefert worden sind und in diesen Texten und auch in diesen Legenden und Geschichten wird das Leben der Heiligen erzählt und auch Lebensweisheiten, es ist Kosmonogie, es sind die Geschichten von Heiligen, aber auch religiöse Normen und Wertvorstellungen, die sind mitverankert.“[5]
>
> Die Yeziden haben zwar zwei heilige Bücher, Meshefa Resh und Kiteba Celwe, jedoch ist eines von beiden verschollen und vom anderen existieren nur Kopien.

[3] PowerPoint – Präsentation über das Yezidische Forum e.V., unveröffentlicht

[4] Monotheismus: Monotheismus bezeichnet den Glauben an einen Gott.

[5] Interview mit Ilyas Yang, geführt am 1.12.16

Die Yezidische Religion hat ihren Ursprung im Zweistromland zwischen Eufrat und Tigris, dem heutigen Irak, zur Zeit der Sumerer[6] vor 6000 bis 7000 Jahren

„Angefangen hat es mit der Verherrlichung der vier Lebenselemente – Feuer, Wasser, Luft und Erde. Später haben sie die Sonne als Gottheit angebetet, als Mutter des Feuers, dadurch sind auch Feuertempel entstanden, die die Sonne auf Erden symbolisieren. Bis jetzt pflegen Yeziden ein Ritual, bei dem sie vor dem Sonnenuntergang selbstgemachte Kerzen anzünden, die sogenannten Kangil. Als Zeichen, dass wenn die Sonne untergeht, strahlt sie noch und sie beleuchtet noch die Gegend. Später haben sie gesagt, dass die Sonne keine Gottheit ist, es gibt nur einen Gott und sie nannten ihn Xweda, das heißt ‚Der, der sich selbst geschaffen hat' oder Ezda ‚Der, der mich geschaffen hat'. Dadurch verdanken sie die Bezeichnung Yezidi, d.h. „Die, die den Gott anbeten", und da haben sie gesagt es gibt nur einen Gott. Es gibt nur einen Schöpfer, man kann diesen Schöpfer nicht sehen, nicht fühlen, aber man kann die Sonne im Himmel sehen als Zeichen Gottes."[7] Das Symbol der Sonne ist den Yeziden heilig. An dieser Stelle war das die Entstehung des Yezidentums als monotheistische Religion.

---

[6] Die Sumerische Kultur ist die Kultur des altorientalischen Volkes der Sumerer, das im Süden Mesopotamiens – im Land Sumer – im Laufe des 4. Jahrtausends v. Chr. den Übergang zur mesopotamischen Hochkultur entscheidend mit beeinflusst oder sogar hauptsächlich getragen hat. Die Sumerer nannten ihr Land „ken-gir" und ihre Sprache „eme-gi(r)", der Begriff „Šumeru" ist die akkadische Bezeichnung für das Land und Volk der Sumerer, eine Bezeichnung, die seit dem 19. Jhdt. nach der Wiederentdeckung der sumerischen Schrift, Sprache und Kultur wiederum für die Bezeichnung der Kultur und der Sprache verwendet wird. Quelle: http://www.geschichtsmaengel.de/Berichtsseite/Hochkulturen/Hochkultur_im_Zweistromland/Sumerer/body_sumerer.html

[7] Interview mit Chaukeddin Issa

Der Schöpfungsmythos unterteilt sich in drei Bereiche:

Dieses Stadium nennt sich Enzel, es bedeutet so viel wie reine, spirituelle Welt. Hier gibt es nur Gott, einen Antagonisten (Gegenspieler) gibt es nicht. Er hat sich selbst erschaffen. Aus sich heraus schuf er eine weiße Perle, in dieser befand sich sein Thron. Er war eins mit der Perle, sodass er nicht von ihr zu unterscheiden war. Irgendwann löste er sich von der Perle und bewegte sich in ihr. Da füllte sie sich mit Wasser und ein sanfter Ozean entstand. Dann erschuf er die Liebe und die Perle verlor ihre Stabilität. Aber erst als er die Perle von sich trennte, um die materielle Welt zu erschaffen, zerbrach sie in Abermillionen Teile. Aus diesen Teilen und der Liebe wurde die Welt erschaffen.

2.) Nach dem „Urknall“:

Vor der Erschaffung der materiellen Welt erschuf Gott ein Gewand für sich und die Engel. Das Xerqe (dt. Kherqe ist ein heiliges Gewand und solche Gewänder werden nur bei besonderen Festen von Würdenträgen getragen).

Die Engel (Melek) entstanden aus dem Licht Gottes, zuerst

- Ezrayil, er trennt beim Tode Körper und Seele, weshalb er „Meister des Messers“ genannt wird, dann
- Cibrayil, er hilft Melek Ezrayil beim Trennen von Körper und Seele und überbringt Gottes Botschaft den Menschen, dann
- Mikayil, dieser beschützt alle Yeziden und auch alle anderen Völker der Erde, dann
- Sifqayil, er ist der Sonnenengel, der den Menschen die Sonnenstrahlen bringt und dafür sorgt, dass die Menschen genug aus der Natur bekommen, dann
- Derdayil, er sorgt für das Gleichgewicht zwischen Himmel und Erde, dann
- Esrafil, er muss die Menschen von Xweda überzeugen und zum Schluss
- Azazil (Tawisi Melek), er verwaltet die Erde.

Danach schuf Gott den Weltenbaum in der spirituellen Welt, ein Ort, wo die Engel ihn anbeten konnten. In der echten Welt verkörpert den Weltenbaum Lalish, das Hauptheiligtum der Yeziden im Irak. Durch die Loyalität und Einheit der Engel spielten sie eine bedeutende Rolle bei der Schöpfung der Erde. Sie trafen sich mit Gott unter dem Weltenbaum, dabei warf Gott die Liebe in die Perle, woraus er Sonne und Mond erschuf, ebenso erschuf er einen Kelch. Als die Perle zerbarst, floss Wasser aus ihr, es war das Meer der Erde, auf der zu diesem Zeitpunkt weder Himmel noch Land waren. Dieses Meer bildet heute die heilige weiße Quelle, die von den Yeziden als Kaniya Sipi in Lalish verehrt wird.

Die Engel bekamen den Auftrag, Himmel und Erde zu erschaffen. Die sieben Himmel wurden auf den Rücken des Ochsen (symbolisiert die Erde) und des Fisches (symbolisiert das Wasser) gelegt.

Danach bestieg Gott ein Schiff und legte mit der Liebe die Himmelsrichtungen fest. Ferner erschuf er die vier Elemente, aus der später die Natur und der Mensch geschaffen wurden. Die Erde war nach 40 Jahren noch immer nicht besänftigt, woraufhin Gott das Heiligtum Lalish auf die Erde sandte, dieses beruhigte die Erde und die Sonne sorgte für das Erwachen der Natur.

3.) Die Schöpfung des Menschen:

Bei dieser gibt es eine Differenzierung zwischen Körper (Qalib) und Seele (Ruh). Der Körper ist im yezidischen Glauben nur eine Hülle. Körper und Seele sind eigenständig, aber um den Menschen zu erschaffen wurden sie verbunden.

Aus den vier Elementen Feuer, Wasser, Erde und Luft erschuf Gott die Erde und den Körper Adams. Darum braucht der menschliche Körper Wasser zum Trinken, Erde (feste Bestandteile) zum Essen, Feuer für die Wärme und Luft zum Atmen. Die Erschaffung des menschlichen Körpers erfolgte erst 700 J ahre nachdem Lalish auf der Erde war, dieser Körper war aber noch leblos. Es dauerte weitere 700 Jahre bis zur Erschaffung der Seele. Die Seele wurde aus Havena Sunete (die Hefe der Erkenntnis, dem Saatgut der Engel) erschaffen. Die Seele weigerte sich auf das Bestreben der Engel hin erst, sich in Adams Körper zu begeben, sie wolle nicht für die Vergehen des Menschen verantwortlich gemacht werden, da sie der reine Teil Gottes sei und der Körper materielle Triebe habe, die sie verunreinigen könnte. Dieses würde sie nur auf direkte Weisung von Gott machen und auch nur wenn sie dafür im Paradies leben dürfte. Gott schickte die heiligen Instrumente (Flöte und Tamburin). Diese Instrumente spielten von alleine, gleichzeitig gaben die Engel Adam aus dem heiligen Kelch zu trinken und damit gelang das Geheimnis der Liebe in die Seele, diese gab ihren Widerstand auf und fuhr durch den Bauchnabel in den Körper Adams, woraufhin die Engel den Bauchnabel verknoteten, damit sie nicht wieder entweichen konnte. So wanderte der Verstand in den Kopf und der Körper begann zu leben. Körper und Seele waren nun eins und durften wie von der Seele gefordert im Paradies leben. Gott forderte nun von seinen Engeln, vor Adam niederzuknien. Ein Engel weigerte sich, er begründete dies mit den Worten Gottes, der bestimmt hatte, das nur er anzubeten sei. Damit zeigte er seine tiefe Verbundenheit zu Gott. Dieser Engel war Tawisi Melek d.h. Gottes-Engel. Für die Hinterfragung des Sinnes dieses Befehls wurde er von Gott belohnt mit der Ernennung zum Oberhaupt der sieben Engel.[8]

Adam lebte 100 Jahre im Paradies, dann gab Tawisi Melek Adam Weizen zu essen, woraufhin sich sein Bauch aufblähte und um Erleichterung zu bekommen, setzte er sich auf eine Heckenrose, wodurch er die notwendige Öffnung bekam. Um das Paradies aber nicht zu beschmutzen, musste er es verlassen.

Tawisi Melek erhielt die Aufgabe für die Vermehrung der Menschen zu sorgen. Eva wurde geschaffen, sie hat die gleiche Abstammung wie Adam. Adam und Eva stritten sich um die Führungsrolle. Tawisi Melek forderte beide auf, in zwei Krüge zu spucken, diese sollen erst nach neun Monaten und neun Tagen

[8] Lalish Dialog – Ausgaben 1-3/2013, Hayri Demir

wieder geöffnet werden. Eva war jedoch zu neugierig und öffnete ihren Krug schon früher, darin befand sich nur Ungeziefer. Adam wartete die Zeit ab und aus seinem Krug kam ein Kleinkind. Tawisi Melek wusste von der Ungeduld der Eva und hatte nur in Adams Krug die Havena Sunete (Hefe der Erkenntnis) gegeben. Von Adam und Eva stammen 72 Kinder, die die 72 Völker der Erde darstellen. So erklärt die yezidische Überlieferung die Erschaffung der Erde.

„Es wirft nun die Frage auf, ob der liebe Gott die Perle geschaffen hat, oder aber der liebe Gott stammt aus dieser Materie. Dabei muss man sich vorstellen, wie wissenschaftlich das ist, [...]. Das Yezidentum ist keine einfache Religion und basiert mehr oder weniger auf Fakten, Tatsachen. Natur, was man fühlt und sieht, das zählt bei diesem Glauben und ist offen zur Diskussion. [...] Es ist so, es war so, es wird so bleiben, keine Änderungen, bei den Yeziden ist das nicht der Fall, man kann in dieser Religion Punkt für Punkt diskutieren. Es ist viel offener als die anderen Religionen, die Schöpfungsgeschichte sagt, dass das ganze Universum eine einheitliche Masse [ist], die unter hohem Druck und Temperatur stand und irgendwann konnte die Masse es nicht mehr aushalten und explodierte, man nennt das aus geologischer Sicht Urknalltheorie. Die Urknalltheorie ist vielleicht, 30 oder 40 Jahre alt, aber das Yezidentum hat schon vor 1500 Jahren über die Zerstörung der Perle, der einheitlichen Masse, gesprochen und berichtet."[9] So Chaukeddin Issa zum Schöpfungsmythos.

Wissenschaftler vermuten Einflüsse vom Mithräischen[10] und Zarathrustischen[11] Religonskulten.

Zarathrustrismus: Monotheistische Religion mit ca. 150.000 Mitgliedern, gegründet vom altpersischen Priester Zarathrustra. In dieser Religion gibt es einen sehr starken Dualismus (Kampf zwischen gut und böse). Angebetet wird Ahura Mazda, der gegen Ahriman kämpft. Die Zarathrustrier beten in Feuertempeln.

---

[9] Interview Issa, Chaukeddin, geführt am 31.12.2016

[10] Quelle: Daniela Puddu, Restauratorin und Freundin aus Rom

[11] http://www.goruma.de/Wissen/Gesellschaft/Religionen/Zoroastrismus.html

Mithräisch = Persische Kultreligion zu Ehren des Gottes Mithras, gekennzeichnet durch verschiedene Riten, die vor alledem mit Stieren, damals Symbol von Stärke und Männlichkeit, zu tun haben. Außerdem symbolisiert die Tötung des Stiers, die Tötung des Urtiers und somit die Erschaffung der Welt. Sie wurde in der Antike durch Eroberungsfeldzüge der Römer zum Geheimkult der Legionen und war großer Konkurrent des Christentums als Religion. Mythräische Symbole wie Schlange oder Skorpion werden noch heute von den Yeziden verehrt und finden sich auch in Lalish wieder.

Das Yezidentum verbreitete sich in die Gebiete des heutigen Syriens, Iraks, Irans, Georgiens, Armeniens und des türkischen Staates. Die meisten Yeziden lebten bis zum Genozid 2014 im Nordirak, in den Gebieten des Shingals, ein Gebirgszug im Nordirak und der Türkei.

Abbildung 2: Kartenausschnitt von Asien 1914, links im Bild sieht man das Gebiet der Yeziden[12]

Abbildung 3: Kartenausschnitt von Asien 1984, mit den heutigen Herkunftsstaaten von den Yeziden[13]

[12] Diercke Weltatlas, Seite 112, Auflage 1984/85, Westermann Verlag GmbH, Braunschweig
[13] Diercke Weltatlas aus der Zeit des Nationalsozialismus, ca. 1937 (keine Angaben im Atlas)

2.2. Lalish

Lalish ist die heiligste Stätte der Yeziden, in dieser weitläufigen Tempelanlage befinden sich die heiligen Quellen. Ebenso Gräber von ca. 150 Heiligen, heilige Höhlen und heilige Ölbäume. In der Schöpfungsgeschichte heißt es, dass Gott Lalish schuf, um die tobende Erde zu beruhigen. Als er Lalish auf die Erde sandte, fing die Natur an zu blühen. Die Perle (siehe Schöpfungsmythos) zerbarst, aus ihr floss Wasser, es war das Meer der Erde, auf der zu diesem Zeitpunkt weder Himmel noch Land waren. Das Meer war die heilige weiße Quelle, die von den Yeziden als Kaniya Sipi in Lalish verehrt wird.

Im historischem Aspekt gesehen ist Lalish eine Kultheiligstätte des Yezidentums, das zu der Entstehungszeit von Lalish noch eine Naturreligion war, in der man die Sonne anbetete. Lalish ist etwa 60 km nordöstlich von Mossul und ist vorsichtig geschätzt mindestens 2000 Jahre alt[14]. „Die Bezeichnung Lalish, eine Interpretation, von Lal und ish, Lal bedeutet \`derjenige, der stumm ist\` und ish bedeutet \`Bewusstsein\`, man sagt [,dass] viele stumme Menschen und Irritierte kamen und sobald sie die heilige Stätte betreten hatten, waren es plötzlich ganz gesunde Menschen, so sagt die Legende.“[15]. Laut Ezipedia, gibt es folgende Namensbedeutung :“ Laliş (dt. Lalisch) setzt sich aus zwei Wörtern zusammen: 1. Lal =stumm 2. (H)iş = Geist, Besinnung, Empfindung Sinngemäß und entsprechend der Bedeutung des Heiligtums bedeutet Laliş„Ort der stummen Besinnung“. Oft wird das Heiligtum von Êzîden auch Lalişa Nûranî bezeichnet. Nûranî setzt sich aus Nûr (heiliges Licht [Gottes]) und anî (bringen) zusammen und bedeutet sinngemäß „Licht bringend“ oder auch „erleuchtet“, Lalişa Nûranî demzufolge „Ort der stummen Besinnung und heiligen Erleuchtung“.[16]

[14] Lalish Dialog 1/2013 Seite 3

[15] Interview Issa, Chaukeddin, geführt am 31.12.2016

[16] http://ezipedia.de/lalisa-nurani/

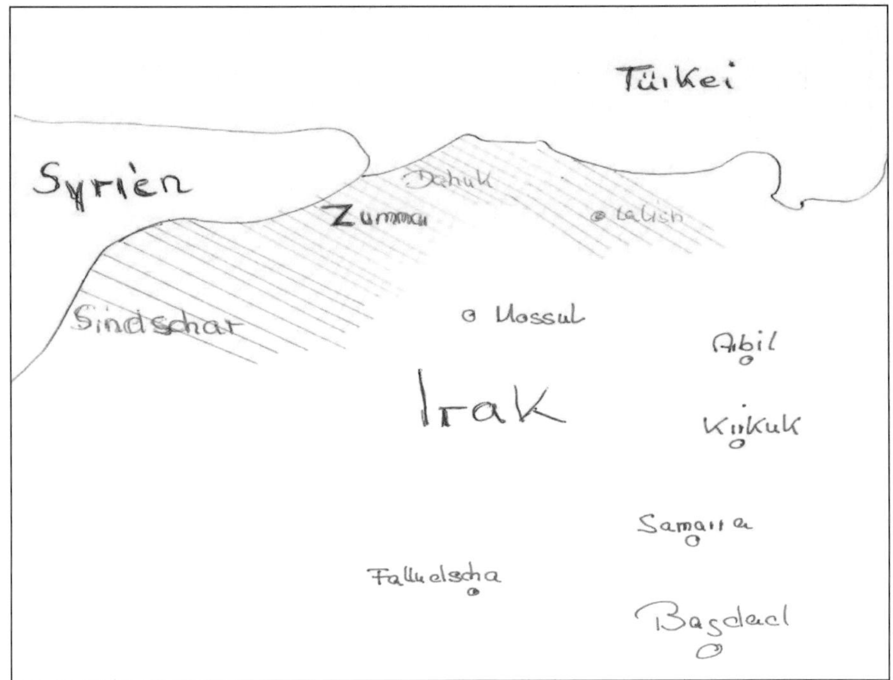

Abbildung 4 Zeichnung Patrick Alexander Hahn

Lalish ist ein Tempelkomplex. Am Eingang ist eine heilige Brücke, die Sarat Brücke, diese trennt den sakralen und den weltlichen Bereich. Man darf diese Brücke nicht mit Schuhen überqueren, so dass man barfuß den heiligen Bezirk betritt.

Das markanteste Detail von Lalish sind die drei Kegeltürme von Sheikh Adi, Sheikh Hassan und Sheikh Muse Anzali.

In Lalish gibt es mehrere heilige Quellen und Brunnen. Die heiligste von den Quellen ist die Kaniya Sipi (Entstehung siehe S.12). Die Yeziden glauben, dass man die Seele nach der Geburt in dieser Quelle reinigen muss. Zu der Quelle gibt es zwei Zugänge, einen für Männer, einen für Frauen. Ehepaare dürfen nicht gemeinsam in die Quelle, da Ehemann und Ehefrau, sonst Jenseitsbruder bzw. Jenseitsschwester werden (siehe 2.5.5.2).

Dann gibt es die Kaniya Zemzem, das Wasser stammt aus einer Höhle unter dem Tempel, eine der Wände der Höhle hat weißen Kalk in einer Nische, dieser soll Rückenschmerzen lindern. Diese Quelle soll von Sheikh Adi unter der Mithilfe von 40 Bagdader Sheikh's erschaffen worden sein, indem einer von ihnen mit seinem Stab den Felsen spaltete und Wasser herausfloss. Die Legende besagt, dass die Mündung dieser Quelle in Mekka liegt und von den Muslimen als heiliger Fluss Zamzam angesehen wird.

Die Kaniya Kulavan, ein Brunnen, ist im Tempelbezirk und wird für die Waschung von heiligen Gütern benutzt.

Die Kaniya Shivanan ist in der Nähe der heiligen Brücke und man nutzt sie, um sich zu reinigen.

Die Kaniya Berbayike ist am Fuße des Mshrugia Berges und man nutzt das Wasser zur Behandlung von Krankheiten.

Im Tempelbezirk befindet sich die Höhle der vierzig Tage, in der soll Sheikh Adi gefastet haben. Dort sind außerdem Heilige begraben und nur die höchsten Priester dürfen in diese Höhle.

Außerdem gibt es eine Säule des heiligen Hassan Danna. Die Yeziden werfen mit geschlossenen Augen dreimal ein Stück Stoff über die Säule und wünschen sich etwas. Wenn der Stoff hängenbleibt, geht der Wunsch in Erfüllung.

In Lalish wird Berat hergestellt (siehe 2.5.5.3), dies wird an einer speziellen Pforte an die Pilger verteilt[17].

Es ist außerdem Pflicht für alle Yeziden, einmal in ihrem Leben nach Lalish zu pilgern. Dies gilt nur, wenn es ihnen finanziell möglich ist und sie die Fahrt nicht zu Lasten ihrer Familien unternehmen.

---

[17] Lalisa Nûranî: Holi Lalish, Peristgeha Êzidan, Ekatarinenburg 2008

Es gibt für Yeziden auch noch andere Möglichkeiten der Pilgerfahrt zu Wallfahrtsorten, diese können Grabmäler (Ziyarets) von Heiligen und bedeutenden Personen, Steine, Bäume und Plätze sein. Bei einer Pilgerfahrt bekräftigen auch die Yeziden, die nicht nach Lalish kommen können, die Verbundenheit zu ihrer Religion und Sheikh Adi.

Abbildung 5
Sheikh Adis Grabstätte[18] in Lalish

Abbildung 6
Lalish mit den drei Kegeltürmen[19]

[18] https://de.wikipedia.org/wiki/%CA%BFAd%C4%AB_ibn_Mus%C4%81fir
[19] Zur Verfügung gestellt vom Yezidischen Foru

Zum Beispiel sagte der Yezide Telim Tolan folgendes über Lalish: „Lalish und der heilige Bereich ist ein Ort der Spiritualität, man wird schon erfasst von der Würde des Ortes und ich habe es als sehr angenehm empfunden".[20]

2.3. Feiertage im yezidischen Kalender

05.01.	Ida Belinde
Erster Sonntag im Januar	Batizimi Fest des Stammes Coli
Erster Tag im Januar nach yezidischem Kalender[21]	Sersal
02.02.	Fest der vierzig Winterfastentage
Erster Donnerstag im Februar nach yezidischem Kalender	Fest für Khidir Elias
Erster Freitag im Februar nach yezidischem Kalender	Fest für Khidir Nebi
14.03.2018	Brotfest zu Ehren des Heiligen
Erster Mittwoch im April nach yezidischem Kalender	Carsema Sor
20.04.	Beginn der Feierlichkeiten in Welatsheikh
10.06.2018	Pilgerfahrtfest zu Ehren Gottes in Tiflis (Georgien)
02.08.	Fest der vierzig Sommerfastentage
03.08.	Genozid Gedenktag
19.08.	Fest zu Ehren des heiligen Sherfedin
06.10.-13.10.	Fest des Sheikh Adi
Drei Tage vor dem ersten Freitag im Dezember	Rojiyen Sesims
Erster Freitag im Dezember	Ida Sesims
Drei Tage vor dem zweiten Freitag im Dezember	Rojiyen Xwudan
Zweiter Freitag im Dezember	Ida Xwudan
Drei Tage vor dem dritten Freitag im Dezember	Rojiyen Ezi
Dritter Freitag im Dezember	Ida Ezi
Letzter Sonntag im Dezember	Batizimi Fest der Toris

[20] Interview mit Telim Tolan, geführt am 18.03.2017

[21] Yezidischer Kalender: geht dem gregorianischen Kalender um 14 Tage nach, im gregorianischen Kalender der 14. April, im yezidischen Kalender der 1. April

2.3.1. Cejna Belinde

Dieser Tag wird nur von einem Teil der Yeziden gefeiert. Dieses Fest wird zu Ehre der Toten zelebriert. Hierbei werden der verstorbenen Familienangehörigen sowie der Familienheiligen gedacht. An die Gräber wird Brot, Fleisch und Süßwaren gebracht.

2.3.2. Charshema Sor

Festtag ist der erste Mittwoch im April (roter Mittwoch). Gott soll an diesem Tag Tawisi Melek den Auftrag gegeben haben, auf die Erde zu kommen und die Erde bewohnbar zu machen. Auch soll im April der Erzengel Gabriel geschickt worden sein, um Moses und sein Volk vor dem Pharao zu schützen. Zur Feier werden die Hauseingänge mit Blumen, grünen Zweigen und gefärbten Eiern geschmückt. Es werden gelb-rot-weiß-grüne Bänder geflochten und getragen, außerdem werden die Gräber der Verstorbenen besucht. In Lalish selbst warten die Gläubigen mit Fackeln auf einen Würdenträger, der ihnen das heilige Feuer bringt, gleichzeitig wird eine heilige Hymne von den Priestern am Eingang des Tempels gesungen.

Abbildung 7

Abbildung 7 und 8: Frauen zünden Kangils an beim Carshema Sor, zur Verfügung gestellt vom Yezidischen Forum

2.3.3. Das Cemaya Sheikh Adi Fest

Dieses Fest findet nur in Lalish statt, vom 6. bis 13. Oktober. Dieses Fest wird vor allem im Gebiet des Shingal, in Sheikan und Irak-Kurdistan gefeiert und ist dort das höchste Fest. Der Hauptort ist an diesen Tagen ein großer Marktplatz. Hinter den Heiligtümern von Lalish wird ein großer Jahrmarkt aufgebaut, auf dem auch sportliche Wettkämpfe ausgetragen werden. Das Tal wird in der Dunkelheit von vielen Kerzen erleuchtet.

Jeden Morgen gibt es das Simat, ein Gericht aus gekochtem Fleisch und Weizen, das an die Gläubigen verteilt wird (Sheikh Adi führte diese Bewirtung der Gäste ein). Am sechsten Tag erfolgt Qabakh, das Bullenopfer. Dieses ist einer der Höhepunkt des Festes, dieses Fleisch wird an die Gläubigen verteilt, wer dieses isst, hat ein Jahr lang Glück. Jeden Abend werden von den Qewls (Geschichtenerzähler) die Glaubensinhalte des Yezidentums erzählt. Am siebten Tag ist das Bere Shibake. Hierbei wird der Fensterrahmen, durch den Sheikh Adi zu Lebzeiten heraus gesehen hat, und welcher ihm am Tag seines Todes als Bahre diente, in einer Prozession durch Lalish getragen. Wer ihn berührt erhält den Segen Sheikh Adis.

2.3.4. Batizimi Fest

Das Fest heißt bei den Yeziden in der Südosttürkei Batizimi, bei den Yeziden aus Sheikhan Belinda Pira und bei den Yeziden aus dem Shingal Mel Melav. Dieses Fest ist dem heiligen Pir Ali gewidmet, der verschiedene Wunder vollbracht haben soll. Unter anderem hat er eine schon geschlachtete und bereits zerlegte Kuh zum Leben erweckt. Er tat es mit den Worten: „Mithilfe des Allmächtigen stehe auf, ich schenke dir zum zweiten Mal das Leben“[22]. Dieses Fest dauert acht Tage und wird Ende des Jahres oder am Anfang des Januars gefeiert. Dieses Fest wird von den verschiedenen Stämmen an unterschiedlichen Tagen gefeiert. Es fängt zwischen dem 8.1. und 15.1. an und beginnt mit der Reinigung des Hauses und der Kleidung. Die beiden darauf folgenden Tage sind dem Gedenken an die Toten gewidmet. Am Tag darauf beginnen die eigentlichen Feierlichkeiten. Es wird getanzt und gebetet. Zu diesem Fest wird ein spezielles Brot gebacken, der Sauerteig dafür wird den Familien von ihrem Pir (siehe 2.6.3.) übergeben. Dieses Brot, Sewik genannt, wird während des Backens mit Speck bestrichen und traditionell mit einer Joghurtspezialität aus Joghurt, Knoblauch und gekochtem Weizen gereicht.

2.3.5. Das Ida Ezi Fest

Drei Wochen lang wird jeweils drei Tage gefastet und an jedem Freitag das Fasten gebrochen. Fasten dürfen keine Kinder, Kranke oder alte Menschen. Die gesunden Yeziden müssen auch nur die letzte Woche fasten, die andere Zeit ist freiwillig. Das Fasten in der ersten Woche ist das Rojiyen Sesims und es wird mit dem Ida Sesims, dem Fest zu Ehren Sheshims, beendet. Das Fasten in der zweiten Woche heißt Rojiyen Xwudan und es wird am Freitag durch das Ida Xwudan, dem Fest für die Familienheiligen, beendet. Das Fasten in der dritten Woche heißt dann Rojiyen Ezid und der dritte Freitag ist dann das Ida Ezi Fest. Zum Fasten vor dem Fest heißt es: „Indem wir fasten, zeigen wir Gott, daß wir bereit sind, den yezidischen Weg der Menschlichkeit zu gehen - auch wenn wir dafür hungern müssen. Das Fasten ist also ein Zeichen für die Liebe zu Gott“[23].

---

[22] Chaukeddin Issa: Das Yezidentum-Religion und Leben; Seite 123
[23] Denge Ezidiya, Januar 1994, Interview mit Fakir Kalo

Das Fest wird Mitte Dezember gefeiert. Der Mithraskult soll ein Ursprung des Festes sein, da die Sonne angebetet wird, darum fällt das Fest nicht ohne Grund in die Zeit der Wintersonnenwende. Es wird ausgelassen gefeiert, gesungen und getanzt.

2.3.6. Khidir Elyas und Khidir Nebi Fest

Am ersten Donnerstag nach dem 14. Febuar wird das Khidir Elyas Fest begangen. Dieses Fest wird zu Ehren des Heiligen begangen, der bei den Christen unter dem Namen Elijah und bei den Muslimen unter Ilyas bekannt ist, er ist der Schutzheilige der Kranken, Reisenden, Gefangenen und Armen. Bei diesem Fest wird ein Gericht aus gerösteten Weizenkörnern - welche zu Mehl verarbeitet werden - und dickflüssigem Traubenzucker gereicht. Am nächsten Tag wird ein Fest zu Ehren von Khidar Nebi gefeiert [24] [25]. Dieser gilt als Heiliger, der für verliebte Menschen zuständig ist. An diesen Tagen soll Frieden herrschen, mit der Natur und den Menschen. Wichtig ist diese Fest für junge Frauen und Männer im heiratsfähigen Alter. Sie essen, ohne Wasser zu trinken, und legen sich zum Schlafen. Die Frau oder der Mann, der im Traum erscheint und Wasser zu trinken anbietet, soll der Ehepartner werden.

Die vorherrschende Rolle an diesen Tagen haben die Frauen.

2.3.9. Cejna Cile Zivistane (Fest der vierzig Wintertage)

An diesem Fest am 02. Februar wird das Ende der vierzig Winterfastentage gefeiert. Yeziden, die die vierzig Fastentage eingehalten haben, versammeln sich in dieser Nacht in Lalish und pilgern zu den Gräbern der Heiligen. Dieses Fest gilt auch der Versöhnung der Yeziden untereinander.

---

[24] Chaukeddin Issa: Das Yezidentum Religion und Leben, Studien zur yezidischen Religionsgemeinschaft unter Mitarbeit von Prof. Dr. Sebastian Maisel und Telim Tolan, Oldenburg 2007, S. 115 - 125

[25] Lalisa Nûranî: Holi Lalish, Peristgeha Êzidan, Ekatarinenburg 2008, Seite 27 ff.

2.3.10. Cejna Cile Havine (Fest der Sommertage)

Die Sommerfastenzeit beginnt am 24. Juni und endet am 2. August ebenso wie das Fest der vierzig Wintertage in Lalish.

Weiterhin gibt es noch viele regionale Feste, wie z.B. die Joghurt-Pilgerfahrt. Dort wo diese noch stattfindet, bringen Gläubige Joghurt, Brot und Olivenöl nach Lalish.

2.4. Regeln, Pflichten, Gebote

2.4.1. Die traditionellen Regeln, Pflichten und Gebote der Yeziden

Die Zugehörigkeit zur Yezidischen Religion ist durch die Geburt bestimmt und braucht keinen Anerkennungsritus (Christ ist man erst durch die Taufe).

In der Yezidischen Religion soll man folgenden Geboten folgen:

- Man soll nicht in eine andere Kaste oder sogar außerhalb der Religionsgemeinschaft heiraten (Endogamie).
- Man soll Gott anbeten.
- Yeziden dürfen andere nicht beleidigen.
- Yeziden dürfen nicht den Namen des Bösen sagen.
- Yeziden sollen nicht lügen.
- Yeziden sollen weiße Unterwäsche als Symbol der Reinheit tragen.
- Yeziden sollen alle erforderlichen Medikamente in Anspruch nehmen, um wieder zu genesen, falls sie krank sind.
- Jede/r Yezide/in sollte einen Merebbi (Lehrer), einen Pir, einen Sheikh und einen Jenseitsbruder/-schwester haben.
- Man darf nicht im April und nicht an einem Mittwoch heiraten, da dies ein heiliger Monat bzw. Tag ist.

Andere Gebote werden in der Diaspora[26] in Deutschland weniger streng befolgt, dazu gehören:

- Das Tragen der dunkelblauen Farbe ist nicht erlaubt, da das kurdische Wort für Blau auch Trauer bedeutet
- Das Haupthaar der Frauen soll nicht geschnitten werden
- Männer sollen einen Schnurrbart tragen.
- Schweinefleisch soll vermieden werden, da wegen der Sommerhitze in den Ursprungsländern das Fleisch sehr schnell verdarb. Die Menschen waren arm und konnten sich das Salz zum Konservieren nicht leisten. Außerdem essen Yeziden kein Schwein, weil sie sagen, dass das Schwein seinen Kot selber frisst.
- Kohl und Salat sollte nicht gegessen werden: „Zur Zeit von Sheikh Adi vor ca. 1000 Jahren, waren die hygienischen Verhältnisse mit den heutigen nicht vergleichbar. Auf den Blättern des Salats und Kohls sind Parasiten und Bakterien aller Art gediehen und haben für die damalige Welt unheilbare Krankheiten wie Typhus und so weiter verursacht. Die Menschen haben dieses Gemüse aufgrund der Trinkwasserknappheit ungewaschen verzehrt und dadurch sind sie häufig schwer krank geworden. Viele Menschen, vor allem Kleinkinder und Alte sind dadurch gestorben. Menschen suchten Rat bei Sheikh Adi, der Heilige hat deswegen eine riesen Anbaufläche bei der Stadt Mossul im heutigen Irak besucht, um den Übeltäter ausfindig zu machen. Die Bauern der Großstadt Mossul haben die verseuchten Abfälle der Stadt als Düngemittel verwendet. Sheikh Adi hat dann für die Yeziden das Verbot angeordnet. Alles, was der Heilige empfohlen hatte, war für die Yeziden ein göttliches Gebot. Heute und hier essen viele Yeziden dieses Gemüse. Die hygienischen Verhältnisse hier sind anders als in der Heimat.“[27]

[26] „Eine **Diaspora** ist eine ethnische oder konfessionelle Gruppe, deren Mitglieder über weite Teile der Welt verstreut sind und somit in zahlreichen fremden Kulturräumen eine religiöse oder ethnische Minderheit darstellen. Weiterhin kann das begrenzte Gebiet in einem Land, in dem sich die Mitglieder einer solchen Minderheit aufhalten, als **Diaspora** bezeichnet werden.“ Quelle: https://neueswort.de/diaspora/

[27] Interview Issa, Chaukeddin, geführt am 31.12.2016

- Jeder Yezide sollte ein Pershil tragen, ein weißes Unterhemd, dies dient sozusagen als Ausweis, wenn nach dem Tod ein Engel kommt kann er einen Yeziden nur am Pershil erkennen

2.4.2. Beten

Das Beten ist nicht Pflicht, aber wer beten möchte, verschränkt die Arme vor der Brust und wendet sich in die Richtung der Sonne. Jeder kann beten, wann und wo er möchte, dieses ist nicht ortsabhängig.

Yasar Kemal (1923-2015), ein bekannter kurdischer Schriftsteller, sagte: „Dreimal am Tag wenden sie sich der Sonne zu und beten. Ihre Gebete sind nicht wie unsere, einstudiert. Jeder der will, mag er Kind, jung oder alt, Emir oder Scheich sein, stellt sich vor die Sonne und erzählt ihr das, was in diesem Augenblick aus seinem Herzen spricht. Vielleicht sind diese die schönsten Gebete, die die Menschheit je hervorgebracht hat.“ [28]

Die Yeziden haben fünf Hauptgebete am Tag:

Als erstes das Gebet am Sonnenaufgang,

dann das Gebet am Morgen,

dann das Gebet am höchsten Stand der Sonne,

dann das Abendgebet und

zum Schluss das Gebet zum Schlafengehen.

[28] Sefik Tagay und Serhat Ortac: Die Eziden und das Ezidentum, Hamburg 2016, Seite 90

2.5 Feste im Lebenszyklus der Yeziden

2.5.1 Taufe (Morkirin)

Die Morkirin ist vergleichbar der Taufe bei Christen (aber ist nicht der Aufnahmeritus), der yezidische Junge oder das Mädchen wird mit Wasser aus der Heiligen Quelle aus Lalish dreimal besprengt und es werden Gebete gesprochen und ein großes Fest gefeiert.

Dies kann aber nur in Lalish oder durch herumreisende Geistliche (Peshimame) ausgeführt werden. Durch die politisch angespannte Situation in dieser Region ist es heute ein fast nur noch auf den Irak begrenztes Ritual. Die zuständigen Peshimame und Sheikhs (siehe 2.6.5 und 2.6.2) überlegten sich alternativ das Fest der ersten Haarlocke (Erklärung in 2.5.2).

2.5.2 Fest der ersten Haarlocke (Bisk)

Das Fest der ersten Haarlocke wird im siebten, neunten oder elften Monat nach der Geburt an Jungen vollzogen. Bei Mädchen, deren Haare heilig sind und nicht geschnitten werden sollen, entfällt dies. Das Haar des Jungen darf vorher nicht geschnitten werden. Der Sheikh der Familie schneidet mehrere Haarbüschel des Jungen ab, hiermit beginnt die lebenslange Zugehörigkeit zu diesem Sheikh.

Mädchen bekommen erst mit der Heirat den ihnen zugehörigen Sheikh zugeordnet.

2.5.3 Beschneidung

Die Beschneidung wird meist nach der Geburt, manchmal auch erst vor der Hochzeit oder nach dem Tod vollzogen, denn ein Yezide darf nicht unbeschnitten beerdigt werden, so sagt es die Mehrheit der Yeziden. Der Junge wählt einen Paten, dieser muss aus einer anderen Kaste stammen. Für die Familien des Jungen und des Paten besteht danach Heiratsverbot. Um dieses zu umgehen, können die Paten auch außerhalb der Glaubensgemeinschaft gewählt werden. Diese Vorgehensweise wird oft genutzt, um in einer muslimischen Umgebung die Unterstützung eines muslimischen Paten zu haben. Die Beschneidung wird von Yeziden aus Georgien und Armenien nicht praktiziert.

2.5.4 Heirat

Eine Yezidische Hochzeit kann nur stattfinden, wenn beide Ehepartner Yezidisch sind und der gleichen Kaste und Unterkaste angehören, dazu besagen die Heiratsregeln: „Ebenso verhält es sich mit der Heirat unter den Kasten, nicht weil er/sie unter oder über anderen Kastenzugehörigen steht, sondern weil dessen Kaste eine andere Funktion hat, die im Herzen der Yezidischen Identität differenziert ist."[29] Nach dem Verständnis der Religion müssen beide Ehepartner die Ehe freiwillig eingehen. Ein Aussuchen der Ehepartner durch die Eltern ist nicht erwünscht. Wenn sich ein Paar gefunden hat, halten die Eltern des Bräutigams beim Brautvater um die Hand der Braut an. Nach der Zusage der Brauteltern findet die Verlobung statt, hierbei wird die Mitgift festgelegt. „In den letzten Jahren haben sich verstärkt Jugendliche zum Teil erfolgreich gegen eine solche Zwangsabgabe gewehrt. Viele Clans sind mittlerweile dazu übergegangen, kein Brautgeld mehr zu verlangen oder zu empfangen. In einigen wenigen Fällen wird, um der Tradition gerecht zu werden, ein symbolischer Betrag von wenigen hunderten Euro vereinbart. Mîr Tahsim, auch Tahsim Beg genannt, hat als führender Mîr (Fürst) der Yeziden das Brautgeld 1997 für schlecht und somit für sündhaft erklärt."[30] Beim Hochzeitstermin gibt es zwei Tabus für Yeziden, zum einen dürfen sie nicht im April heiraten, denn das ist ein heiliger Monat und sie sollen auch nicht an einem Mittwoch heiraten. Die Hochzeit bezahlt die Familie des Bräutigams. Beide zukünftigen Ehepartner sollen jungfräulich in die Ehe gehen. Nach der Hochzeitsnacht wird oft das blutige Laken als Beweis der Jungfräulichkeit der Braut genommen, bei Männern ist es unmöglich dieses zu beweisen. Diese Regelung führt oft zu starken Konflikten, da die moderne Generation durchaus andere Vorstellungen hat und dieser Brauch nur die Frauen benachteiligt. Vor der Hochzeit wird in der Wohnung der Braut die Henna-Nacht an drei Tagen gefeiert. Die Gäste bringen Geschenke, man singt und isst und der Bruder der Braut verteilt Henna unter ihnen. Bei der Hochzeit sind zwei Trauzeugen anwesend. Die Braut trägt ein weißes Kleid, das ihre Reinheit symbolisiert und eine Kopfbedeckung (Schleier) in den Farben rot, gelb oder orange. Der

[29] Aufsatz von Mirza Dinnayi vom 01.07.05, Seite 3
[30] http://www.religionen.at/iryedi.htm#9

Schleier symbolisiert die Sonne und das Glück, sodass mit der Braut Sonne und Glück in das Haus des Bräutigams kommen. Bei der Zeremonie selber gibt es das Ritual, dass eine Verwandte des Bräutigams um die Braut herumtanzt und ihr Brot anbietet, das sie brechen muss, damit sie die Treue zur Familie des Bräutigams schwört. Die Trauung soll durch einen Sheikh erfolgen, der das Ehepaar dreimal fragt, ob sie heiraten möchten. Um die Trauung zu besiegeln, wird ein Stück Brot gegessen. Zum Hochzeitsfest kommen mehrere hundert Festgäste, es wird gegessen, getanzt und die Geschenke überreicht, in Deutschland hauptsächlich Geld.

2.5.4.1 Scheidung

Eine Ehe wird auf Lebenszeit geschlossen. Eine Scheidung der Ehe ist unüblich, aber möglich. Beide Seiten können gleichberechtigt die Scheidung verlangen. Es werden Gespräche mit den Eheleuten geführt, dieses geschieht durch Verwandte, Freunde und Geistliche, dabei wird versucht einen Kompromiss zwischen beiden Parteien zu erreichen, mit dem beide Seiten leben können.

Kommt es zu keiner Einigung, wird die Scheidung symbolisch vollzogen, indem Mann und Frau sich zu Geschwistern erklären. Der Mann gibt der Frau drei Steine. Wer das Sorgerecht für die Kinder erhält, wird ebenfalls vorher festgelegt.

Hiernach kann jeder eine neue Ehe eingehen. Heiratet einer von beiden jedoch einen Andersgläubigen, außerhalb der yezidischen Gesellschaft, so geht das Sorgerecht für die Kinder automatisch an den Yezidischen Partner.

---

[31] Sefik Tagay und Serhat Ortac: Die Eziden und das Ezidentum, Hamburg 2016

2.5.5 Begräbnis

2.5.5.1 Ablauf der Bestattung

Das Begräbnis eines Yeziden folgt speziellen festgelegten Regeln, diese lauten wie folgt:

1. Es erfolgt nach dem Tod eine Waschung durch den persönlichen Sheikh und den persönlichen Pir (Geistliche der Yeziden), wo auch der Bruder/Schwester im Jenseits (Siehe 2.5.5.2) anwesend ist.
2. Der/Die Verstorbene wird mit dem Gesicht zur aufgehenden Sonne eingelassen; Frauen werden tiefer eingelassen als Männer.
3. Der/Die Verstorbene trägt weiße Kleidung (Kefen).
4. Heilige Erde vermischt mit heiligem Wasser aus Lalish, das Heiligtum der Yeziden, werden in Form von Kugeln (Berat) auf Augen und Mund gelegt.
5. Der Leichnam wird dreimal in die Höhe gehoben und danach wird das Sterbegebet gesprochen.
6. Der Leichnam wird eingelassen und um ihn wird eine Steinmauer gebaut.
7. Es wird Erde auf das Grab geschüttet, zuerst vom Sheikh, dann von den Angehörigen.
8. Es wird eine Grabplatte auf das Grab gelegt und es entsteht eine Kammer; Männer erhalten zwei Grabsteine, Frauen einen Grabstein, dafür sind Frauen tiefer begraben[32].

Wenige Stunden nach dem Tod wird der Verstorbene ins Gemeindezentrum gebracht und die Trauerfeierlichkeiten beginnen. Diese dauern über 4-5 Tage, da alle Gäste informiert werden und anreisen müssen. Hierbei singen die Frauen einen sehr lauten Trauergesang.[33]

---

[32] Lalish Dialog, einer Religions- und Kulturzeitung der Yeziden, Ausgabe 2 - Februar 2013, Artikel Holger Geisler

[33] Interview Geisler, Holger, geführt am 9.12.2016

Nach dem Glauben darf der Körper nicht eingeäschert werden, da dieser Gott gehört. Die Grabsteine sind wichtig, da der Verstorbene, noch nicht weiß, dass er tot ist. Wenn alle Trauernden gehen, wird er versuchen mitzugehen, jedoch stößt er mit dem Kopf gegen die Steine und merkt, dass er nicht mehr zu den Lebenden gehört.[34] „In der yezidischen Mythologie heißt es, dass die Engel Erde genommen haben, um Adams Gestalt damit zu formen. Damit habe sie sich schuldig gemacht, und diese Schulden müssen so schnell wie möglich wieder beglichen werden, dadurch, dass der Verstorbene der Erde zurückgegeben wird."[35]

Die Tatsache, dass Frauen tiefer als Männer begraben sind, ist dem Glauben geschuldet, da die Frauen stärker versuchen wieder mit der Trauergemeinde mitzugehen.

Abbildung 9: Neues Yezidisches Grab auf dem Friedhof Oldenburg/ Kreyenbrück, Foto: Patrick Hahn

[34] Lalish Dialog, Esidische Religions- und Kulturzeitung; Ausgabe 2- 2/2013; Seite 19; Artikel Holger Geisler

[35] http://www.ezidische-akademie.de/de/das-ezidentum/38-das-ezidentum/140-yezidische-bestattungskultur-in-hannover.html

2.5.5.2 Jenseitsschwester/Jenseitsbruder

Die Jenseitsbruderschaft bzw. Schwesterschaft ist für jeden Yeziden Pflicht, man wählt seine/n Bruder/Schwester am Anfang der Pubertät und man bleibt mit diesem ein Leben lang zusammen. Die Familien der Verbrüderten dürfen nach der Verbrüderung nicht mehr untereinander heiraten. Die wichtige Rolle dieser Beziehung stellt sich erst heraus, wenn einer von den Beiden im Sterben liegt. Dann kommt der Andere und sagt dem Sterbenden alle Geheimnisse, die der Sterbende nie erfahren durfte. Bei der Grablegung oder im Rahmen der Grablegung löst der/die Bruder/Schwester die Verschnürungen am Totengewand, damit die Seele frei wird. Religiös gesehen beginnt dann die volle Verantwortung, im Jenseits müssen alle Verstorbenen vor das göttliche Gericht treten, dort übernehmen die Jenseitsbrüder/schwestern gegenseitig die Mitverantwortung für das, was sie auf der Erde getan haben. Die Yeziden glauben an Seelenwanderung und Wiedergeburt (Kiras Guhertin, was so viel bedeutet wie ein Kleiderwechsel). In welchem Körper man wiedergeboren wird, entscheiden die Taten im vorherigen Leben. Man wird so lange wiedergeboren, bis die Seele die oberste Stufe der Reinheit erreicht und zu Tawisi Melek geht. Den Jenseitsbruder/Jenseitsschwester, den man in diesem Leben hat, den hatte man auch schon im vorigem Leben und man wird ihn/sie auch im nächsten Leben als diese/n wieder wählen.[36]

[36] Interview mit Holger Geisler

2.5.5.3 Berat

Berat ist eine in Lalish hergestellte Kugel aus heiliger, kalkhaltiger Erde und Wasser der heiligen Quelle. Sie werden von den Angehörigen eines Frauenordens in Lalish geformt.

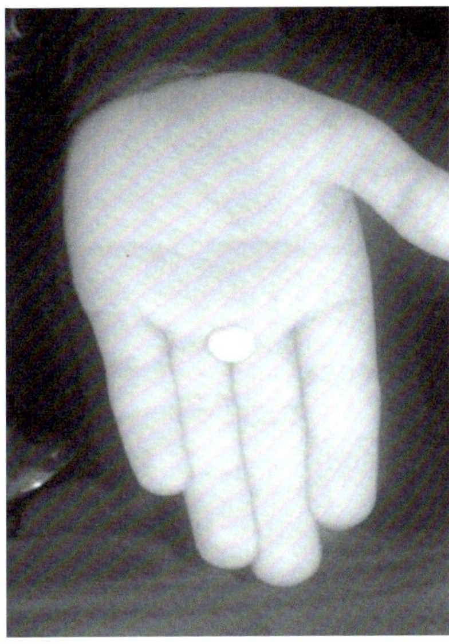

Abbildung 10:
Beratkugel aus Lalish, die mir überreicht wurde

Jeder Yezide soll Berat bei sich haben, um immer an Lalish und Sheikh Adi zu denken. Berat symbolisiert die Urperle (siehe 2.1) aus der das ganze Universum entstanden ist. Berat wird üblicherweise von den Sheikhs an die Gläubigen weitergegeben.

[37] Chaukeddin Issa: Das Yezidentum - Religion und Leben, Studien zur yezidischen Religionsgemeinschaft unter Mitarbeit von Prof. Dr. Sebastian Maisel und Telim Tolan, Oldenburg 2007, Seite 126 - 133

2.6 Die Kasten und Sondergruppen

2.6.1. Kastensystem

Das yezidische Gesellschaftssystem ist ein Kastensystem, was in die drei Oberkasten der Sheikhs, Pirs und Muriden unterteilt wird. Außerdem gibt es in jeder eigenen Kaste auch noch Unterkasten und man darf nur in der eigenen Kaste und Untergruppe heiraten. Das Kastensystem wurde von Sheikh Adi (1074-1159), religiöser Führer und letzter Reformer des Yezidentums, eingeführt, um die Yeziden zu retten. Zu der Zeit, als die Yeziden massiv verfolgt wurden, hat sie nur das Kastensystem gerettet. Durch die straffe Organisation und die Verbindungen der Kasten entstand ein Wir-Gefühl, was zu besserem Zusammenhalt zwischen den Yeziden führte, nur so konnte die yezidische Religion die versuchte Einflussnahme durch die Muslime verhindern.

Mirza Dinnayi hat dazu geschrieben: „Ich will damit verdeutlichen, daß die Yeziden kein Pyramidensystem mit ihren Kasten aufbauen, sondern einen Kreis, in den alle Yeziden gehören. Und in diesem Kreis hat jeder seine eigene religiöse Funktion.“ [38]

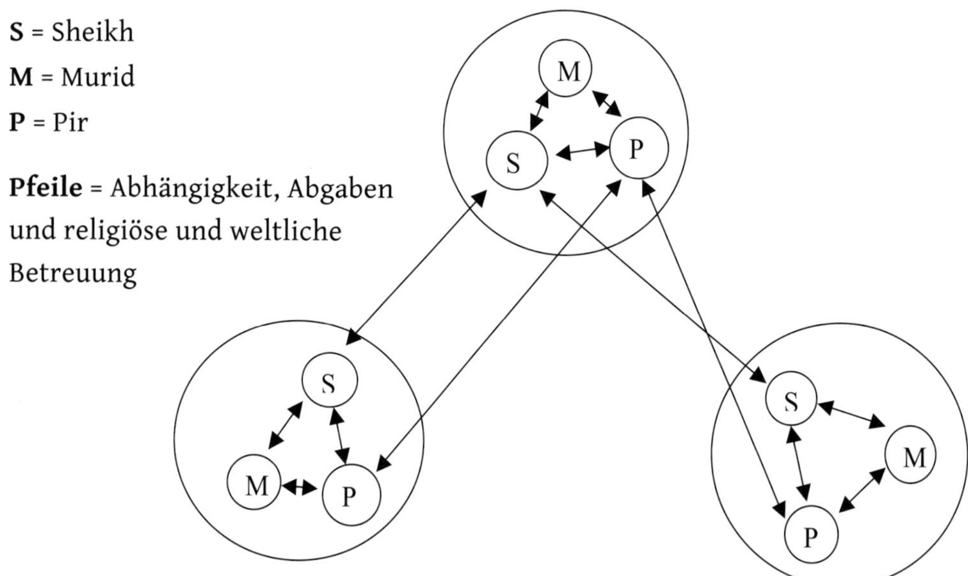

Abbildung 11: Verflechtung der Kasten

[38] Aufsatz von Mirza Dinnayi vom 01.07.05, Seite 3

2.6.2. Sheikhs (Scheichs)

Die Sheikhs bilden die religiöse Führung der Yeziden und sind damit diejenigen, die die Religion vermitteln und das sind auch die einzigen, die größere religiöse Feste ausrichten, wie eine Taufe oder eine Heirat. Jeder Yezide hat einen Sheikh der ihn unterstützt und ihn in Religiösen- und Lebensfragen berät – selbst ein Sheikh hat einen Sheikh der ihn unterstützt. Jeder Sheikh gehört von Geburt an einem bestimmten Sheikh-Stamm an und jeder Sheikh-Stamm einer Sheikh-Kaste, von denen es drei gibt: Adani, Katani und Shemsani. Die Katanis stellen den Mir, das weltliche Oberhaupt der Yeziden, aus der Gruppe der Shemsanis kommt der Babba Sheikh, dieser entscheidet über die Deutung der Religion und überwacht die Einhaltung religiöser Gesetze, außerdem muss er ein frommes enthaltsames Leben führen. Die letzte Autorität ist jedoch immer der Mir. Jeder Sheikh-Stamm hat einen gewissen Muridenstamm (Erklärung unter 2.6.4) und so hat jeder Sheikh seinen eigenen Muridenstamm, um den er sich kümmern muss. Wenn ein Yezide im Sterben liegt, dann flößt der Sheikh ihm aufgelösten Berat ein.

2.6.3. Pirs

In früheren Zeiten hatten die Pirs auch die Aufgaben eines Sheikhs, aber als die Sheikhs durch Sheikh Adi mehr Verantwortung bekamen, wurden den Pirs einige Aufgabenbereiche genommen. Aber auch wie bei den Sheikhs hat jeder Yezide einen Pir, die Aufgabe vom Pir liegt im Religiösen, z.B. bei der Totenwaschung, wo er den Sheikh unterstützt. Auch die Pirs sind unterteilt in vier Hauptgruppen und unzählige Nebengruppen. Die vier Hauptgruppen sind: Hasan Maman, Pir Afat, Pir Jarwan und Pir Haci Ali, in den Untergruppen gibt es dann auch noch Verbände von Pirs.

2.6.4. Muriden

Die Muriden (auf Deutsch Laien) stellen den größten Anteil der yezidischen Gesellschaft und sind, im Gegensatz zu vielen Behauptungen, gleichberechtigt mit den anderen Kasten und haben nur die Pflicht treu, loyal und gläubig zu sein. Jeder Murid muss Abgaben an seinen Sheikh und seinen Pir machen, aber die Abgaben die er an den Sheikh und an den Pir macht sind heutzutage nur symbolischer Natur. Es heißt nicht automatisch, dass wenn man Murid ist, man keine Aufstiegsmöglichkeiten hat. Im Gegenteil, man kann bestimmte Positionen bekommen und wenn man sich dort profiliert sogar noch weiter aufsteigen. So hat es ein Murid mal wegen seiner Gläubigkeit geschafft, der oberste religiöse Anführer zu werden (Babba Sheikh).

2.6.5. Peshimame

Peshimame sind Sheikhs aus der Gruppe der Adani, die von anderen Sheikhs losgeschickt werden, um Yeziden, die weit von Lalish entfernt wohnen, zu betreuen. Dort haben sie dann die gleiche Funktion wie der zuständige Sheikh, der eigentlich die Yeziden vor Ort betreuen müsste. Der Yezidische Glauben wird von ihnen auch bewahrt und interpretiert, der Name bedeutet so etwas wie Hochgelehrter oder Gelehrter ersten Ranges.

2.6.6. Feqire

Feqire sind Yeziden aus jeder Kaste, die ganz nach den religiösen Regeln und Geboten des Yezidentums leben und die religiösen Traditionen bewahren. Feqir bedeutet mittellos und dies sagt bereits aus, dass der Feqir ein mittelloser Mensch ist, denn er muss bei Amtsantritt schwören, keinen Besitz außer seiner Kleidung zu haben. Ähnlich wie ein Mönch kann man Feqir werden, wenn man sich gläubig verhält und viele Psalme und Gebete auswendig lernt. Die Zeremonie erfolgt, wenn die Anwärter eine Reise nach Lalish machen und dort wird ihnen ihr traditionelles Gewand, ein Umhang aus Wolle, übergeben.[39] Sie tragen ein Khirque, ein traditionelles schwarzes Gewand aus Wolle. Die Feqire müssen die Fastentage einhalten, jedoch gibt es eine Sonderregel. Wenn jemand den Feqiren etwas Gutes tun will und für sie kocht, kann er im Morgengrauen zu ihnen gehen, wobei er Berat dabeihaben muss. Durch die religiöse Verbundenheit muss ein Feqir das Berat küssen, wobei er für den Tag vom Fasten befreit wird und normal essen darf.

[39] www.religionen.at

2.6.7 Qewals

Qewals sind eine Sondergruppe in der Kaste der Muriden, die umfassende Kenntnis der Yezidischen Lehre und der heiligen Texte haben müssen. Sie sollen Tamborin[40] und Flöte spielen (traditionelle Instrumente) und eine klangvolle Stimme haben. Sie sind das religiöse Gedächtnis der Yeziden. Bei religiösen Feierlichkeiten sagen sie Gebete und Psalme auf und singen Lieder. Sie reisen von Ort zu Ort, um ihre Gebete zu verkünden, wobei sie in den Dörfern eine religiöse Feier durchführen, bei der eine Statue von Tawisi Melek im Mittelpunkt steht. Bei diesen Feierlichkeiten verteilen sie auch das Berat. Vor ein paar Jahren noch durften sie auch nur zwischen Qewals heiraten, dies wurde jedoch aufgrund von zahlenmäßiger Verminderung aufgehoben, es ist ihnen jetzt gestattet, Ehen mit Muriden einzugehen.

2.6.8 Diener von Lalish

Die Diener von Lalish sind: der Babba Chawish (nicht zu verwechseln mit dem Babba Sheikh), der nicht heiraten darf und fromm lebt. Er verbringt sein ganzes Leben im Heiligtum und verrichtet dort Dienste. Die Wächter und Pfleger der Heiligtümer sind die Micewiran. An jedem Heiligtum der Yeziden gibt es einen Micewiran und es gibt dann noch die Fexras, das ist ein Frauenorden in Lalish, die Angehörigen, die unverheiratet sein müssen und nie gegen religiöse Regeln verstoßen haben dürfen. Diese sind Frauen, die sich Lalish und dessen Pflege verschrieben haben. Sie spielen auch bei Zeremonien wichtige Rollen. Zum Beispiel zünden sie die Kangil an und noch vieles mehr. Sie genießen wegen ihrer Tätigkeiten großen Respekt und deswegen werden sie auch als Mutter angesprochen. Die Leiterin heißt Kebani, diese darf in das Mausoleum von Sheikh Adi und sie sind für die Herstellung der Berat Kugeln zuständig.

---

40 Schellentrommel: leichtes trommelartiges, mit der Hand zu schlagendes, unten offenes Gerät, mit dem z. B. bei gymnastischen Übungen der Takt geschlagen wird https://www.duden.de/rechtschreibung/Tamburin

2.6.9 Kochaken

Die Kochaken sind auch eine Sondergruppe, sie vertreten Sheikh und Pir, falls diese bei religiösen Festen nicht erscheinen können. Sie können auch die Rituale bei der Beerdigung vollziehen. Sie gelten auch als Menschen, die in ihren Träumen Visionen haben, diese interpretieren und die Zukunft voraussehen können. Zehnmal im Jahr treffen sie sich mit dem Babba Sheikh und nehmen ihre weiteren Aufgaben entgegen. Jeder Yezide kann ein Kochak werden, wenn er sich dazu berufen fühlt. Er muss aber einen Aufnahmeritus überstehen, er muss 40 Tage im Sommer fasten und 40 Tage im Winter, welchen er nach Aufnahme jährlich wiederholen muss. Wenn er das geschafft hat, muss er noch eine Woche ganz allein sein und niemand darf mit ihm Kontakt aufnehmen, danach wird er vom Babba Sheikh als Kochak berufen.[41] [42]

2.7 Gesellschaftliche Stellung von Mann und Frau

Qewle Sewran-Hymne über die Schöpfung (Auszug)

Mein Herr erschuf Mann und Frau
Sie entstammen aus den Gebeten meines Herren
Im Himmel sind beide Teilhaber

Sie sind das Treiben auf Erden
Sie sind das Fundament meines Herzens
Von der Abstammung und vom Fundament her
Sind sie gleich [43]

In den religiösen Texten gibt es anders als bei anderen Religionen keinen Anhaltspunkt zur unterschiedlichen Einteilung der Geschlechterrollen, also sind sie im religiösen Bereich gleichgestellt. Aber die Yeziden kommen aus Län-

[41] Chaukeddin Issa: Das Yezidentum Religion und Leben, Studien zur yezidischen Religionsgemeinschaft unter Mitarbeit von Prof. Dr. Sebastian Maisel und Telim Tolan, Oldenburg 2007, S. 67 - 93
[42] Sefik Tagay und Serhat Ortac: Die Eziden und das Ezidentum, Hamburg 2016
[43] Lalish Dialog-Ausgabe 3/2013

dern, die patriarchalisch ausgerichtet sind. Das bedeutet, dass die Frauen und Mädchen stärkeren Regeln unterliegen als Jungen und Männer. Hinzu kommt noch, dass sie weitgehend isoliert lebten und so fast alle Analphabeten waren. Die yezidischen Frauen, die in der deutschen Diaspora leben, haben hingegen einen weiten Schritt nach vorne gemacht. Im Interview sagt Düzen Tekkal: „Viele yezidische Frauen haben sich mittlerweile etabliert und sind eindeutig die Gewinner in der yezidischen Gesellschaft. Sie müssen sich dennoch doppelt so oft durchsetzen und sind quasi von Natur aus Kämpferinnen. Meine Urgroßmutter war so eine Kämpferin, sie musste sich in einer patriarchalischen Welt selbst behaupten und hat es geschafft. Noch heute erzählt mein Vater von ihrem unbezwingbaren Willen. Die Frauen sind zwar den Männern in vielen Bereichen voraus, was z.B. Bildung und Karriere angeht, dennoch sehe ich einen Handlungsbedarf. Viel zu oft wird den Frauen die Schuld gegeben, wenn es z.B. um Eheprobleme geht oder um die Erziehung der Kinder. Diese Probleme zeigen nur zu gut, dass das Rollenverständnis der yezidischen Frauen ambivalent ist“ [44]. In einer anderen Quelle heißt es, dass die Frauen hauptsächlich die Finanzen der Familie regeln.

Ein weiteres bekanntes Beispiel war Mayan Khatun (1873-1956). Mayan Khatun war die Ehefrau von Ali Beg, dem Herrscher der Yeziden. Sie wurde nach Auseinandersetzungen mit den Osmanen mit ihrem Mann ins Exil geschickt. Von dort wurde sie drei Jahre später vom yezidenfreundlichen Vali (auf dt. Konsul) von Mossul befreit. Nach dem Tod ihres Mannes 1912 kam ihr Sohn an die Macht. Die Yeziden wollten ihn eigentlich nicht, da er zu unerfahren war. Nur durch seine Mutter wurde er Herrscher, weil alle wussten, dass seine Mutter im Hintergrund die Fäden zog. Dies ging auch 32 Jahre lang gut, bis ihr Sohn starb und nun ihr Enkel Tahsin Beg – damals zwölf Jahre alt – 1944 zum Mir wurde. Tahsin Beg war natürlich zu jung und so musste die Großmutter für ihn einspringen und die diplomatischen Geschicke leiten, was sie auch sehr gut getan hat. Sie starb 1956 mit 83 Jahren.[45]

[44] Lalish Dialog, Ausgabe 1 - Januar 2013, Interview mit Düzen Tekkal (Fernsehjournalistin, Autorin, Redakteurin und Kriegsberichterstatterin yezidischer Abstammung)

[45] Mêrxasên Êzîdiyan: Yezidische Helden, Oldenburg 2011

Abbildung 12:
Mayan Khatun[46]

Solche Frauen waren früher Einzelfälle, da die Mädchen nicht zur Schule geschickt wurden.“ Die erste in Deutschland lebende Generation der Eziden, die größtenteils aus der Türkei stammt, hatte in ihren Heimatländern überwiegend von der Landwirtschaft gelebt. Nur wenige von ihnen hatten eine Schule besucht. Die meisten Ezidinnen waren Analphabetinnen, weil Mädchen für gewöhnlich nicht zur Schule geschickt wurden, aus Angst, dass die muslimischen Nachbarn sie belästigten oder gar entführten. Daher war das Bildungsniveau der ersten Generation noch sehr gering. Eine Ausbildung bzw. einen erlernten Beruf konnten die wenigsten nachweisen.“[47]

[46] https://en.wikipedia.org/wiki/Meyan_Khatun
[47] Sefik Tagay und Serhat Ortac: Die Eziden und das Ezidentum, Hamburg 2016

2.8. Probleme beim Umgang mit der jüngeren Generation – Brautgeld, Gewalt und Ehrenmord

Hervorgerufen werden diese Probleme, durch das in den Köpfen vieler Yeziden weiter vorherrschende patriarchale System.

Das Brautgeld ist leider auch immer noch ein Thema und wird anscheinend auch noch in einzelnen Familien praktiziert Zu dem Brautgeld sagt Mir Tahsin Beg, weltliches Oberhaupt der Yeziden: „Ich betone nochmals, dass das Brautgeld ein absolutes Tabu darstellt. [...] Ich würde mir einen symbolischen Betrag von 3000 Euro wünschen, nach meiner persönlichen Meinung sollte kein Brautgeld verlangt werden, jedoch muss ich unter den gegebenen Umständen realistisch bleiben.“[48]

Es kommt auch in Deutschland immer wieder zur starken Ausübung von Druck, Gewaltanwendung oder bis hin zum Mord, wenn Mädchen oder Jungen sich von den Traditionen einzelner Familien abwenden und außerhalb der yezidischen Gemeinschaft Beziehungen oder Ehen eingehen. In den Fokus der deutschen Gesellschaft rückte dies „Ehrenmorde“ wie z.B. an Shilan Hassen 2016 durch ihren Cousin und durch den Fall Sükrüya E. Eine Reportage des Spiegels[49]. Sükrüya, eine damals 16-Jährigen Yezidin aus Celle, lief von ihrer Familie weg, weil sie sich in einen pakistanischen Muslim verliebte, aber eigentlich ihren Cousin heiraten sollte. Als dies offenkundig wurde, hatte sie große Angst vor Gewalt aus der eigenen Familie. Die Familie spürte sie mehrfach auf, doch sie konnte immer wieder fliehen und sich in den Schutz des deutschen Staates begeben. In der Antwort des Yezidischen Forums auf den Fragenkatalog des Spiegels im Vorfeld zur Recherche für diesen Artikel heißt es: „Bei der ‚teilweise praktizierten Zwangsheirat‘ handelt es sich keinesfalls um eine yezidische Eheregel. Die Zwangsheirat ist eben nicht religiös bestimmt, sondern ein Problem, das alle Migranten aus den Nahöstlichen Ländern und der Türkei haben. So ist die sogenannte Zwangsehe für die Yeziden ein Produkt des Umfeldes. Von dieser wenig hilfreichen Tradition haben sich die Yeziden weitgehend gelöst, zumal der damit verbundene Zwang im Gegensatz zu den Grundsätzen steht, die

[48] Lalish Dialog Ausgabe 2/2013

[49] Spiegel Ausgabe 2/2003 - Michael Fröhlingsdorf

gerade wir als Menschen schätzen, die oft selbst noch Unterdrückung erfahren haben. Es wird auch gesehen, dass gerade dieser Zwang Anlass sein kann, sich vom Yezidentum abzuwenden.“ [50] Von den Antworten des yezidischen Forums wurde keine in den Artikel übernommen und deren Sichtweise gar nicht beachtet. In diesem Antwortschreiben heißt es auch: „Mit der Absage an den Fanatismus ist zugleich eine offene und aufnahmebereite Haltung gegenüber der hiesigen Gesellschaft verbunden. Wir kapseln uns keineswegs ab, sondern fühlen uns als Mitglieder der deutschen Gesellschaft.“ [51] [52] [53] [54] Trotzdem muss man sagen, dass diese Probleme weiterhin auch in bestimmten yezidischen Großfamilien auftauchen. Dieses ist weder mit den yezidischen Lehren noch mit unseren Gesetzen vereinbar, dennoch kommt dies in einzelnen Fällen vor. Da ist es meiner Meinung nach an der yezidischen Gesellschaft in Deutschland, ihre Mädchen und Frauen zu schützen und diesen Schutz auch auf die Herkunftsländer auszuweiten. Die Anerkennung als Religionsgemeinschaft der Yeziden hängt nicht von deren Glauben, sondern von ihrem Verhalten ab. Ein Transferieren der patriachalischen Denkstrukturen und Handlungen ist mit dem deutschen Gesetz und der Gesellschaft nicht zu vereinbaren.

Im Spiegel wird jedoch auch von Zwangsheirat und Angst vor Heiratsregeln gesprochen. Die Yeziden werden als Sekte dargestellt. Keine Gegenmeinung zum Negativ Yezidischen Grundton gegeben. Das sogar obwohl dem Spiegel mindestens eine vorlag. So hatte der Spiegel einen Fragenkatalog zum yezidischen Forum gesendet. Ich stelle hier mal die Aussagen gegeneinander:

„Wenn sie Pech haben, werden sie so lange weggesperrt und geschlagen, bis sie kuschen.“ [55] „Sie wollen die Abtrünnigen mit Gewalt zurückholen.“ [54]

„Gewaltanwendung als Zwangsmittel oder Abschreckung lehnen wir ab. So sieht es auch die religiöse Führung der Yeziden.“ [56]

---

[50] Antwort des Yezidischen Forums auf den Fragenkatalogs des Spiegels im Vorfeld der Recherche vom 6. Januar 2003

[51] Antwort des Yezidischen Forums auf den Fragenkatalogs des Spiegels im Vorfeld der Recherche vom 6. Januar 2003

[52] Sefik Tagay und Serhat Ortac: Die Eziden und das Ezidentum, Hamburg 2016

[53] Chaukeddin Issa: Das Yezidentum Religion und Leben, Studien zur yezidischen Religionsgemeinschaft unter Mitarbeit von Prof. Dr. Sebastian Maisel und Telim Tolan, Oldenburg 2007

[54] Interview Issa, Chaukeddin, geführt am 31.12.2016

[55] Spiegel 01/2003, Jagd auf Sükrüya von Michael Fröhlingsdorf

[56] Antworten auf Fragenkatalog den Spiegels vom 23.12.2002

„Um den flüchtigen Frauen auf die Spur zu kommen, beauftragen sie schon mal Detektive oder die verbotene kurdische Arbeiterpartei PKK.“ [54]

„Wenn Kinder das Elternhaus wegen nichtyezidischer Partner verlassen, versuchen die Eltern in der Regel, über Polizei und Behörden Kontakt aufzunehmen.“ [55]

3. GESCHICHTE DER YEZIDEN

3.1. Frühe Geschichte

Das Yezidentum besteht laut Aussagen der Yeziden seit 90 000 Jahren, jedoch gehen viele Wissenschaftler wie Miriam Geoghegan oder Politiker wie Maik Beermann (CDU) von einer ca. 4000 Jahre alten Religion aus. Die Yeziden wurden wegen ihrer Religionszugehörigkeit schon sehr oft verfolgt und so mussten sie auch sehr oft fliehen, wodurch sich das Yezidentum in Teile Arabiens und Asiens verbreitete.

3.2. Sheikh Adi

Sheikh Adi ist eine historische Person und für die Gläubigen ein Heiliger.

Es gibt unterschiedliche Meinungen zu Sheikh Adi, viele Quellen gehen davon aus, dass es sich dabei um Scheich Adi bin Musafir al-Hakkari handelt, einem Sufi-Gelehrten, der mehrere Schriften in arabischer Sprache veröffentlicht hat.

Seine Hauptwerke waren „Glaubenslehre der Orthodoxen“, „Buch, worin gehandelt wird von der schönen Ausbildung der Seele, „Ermahnungen des Sheikh Adi bin Musafir an den Chalifen“ und „Ermahnung an seine Jünger, den Sheikh Qa`id, und an die übrigen Jünger“. Seine Werke sind Werke des Sufismus, dieses ist eine Strömung der islamischen Mystik. In dieser Lehre geht es um die Einheit alles Existierenden.

Bei den Yeziden wird ein Zusammenhang zwischen Sheikh Adi Bin Musafir und Sheikh Adi, dem Reformer der Yeziden, bezweifelt, bei ihnen gilt Scheikh Adi als der Mann, dem auf einer Pilgerfahrt Tawisi Melek erschien. Dieser gab ihm die Aufgabe, kultische und ethische Gebote an seine Jünger weiterzugeben. Bei seiner Rückkehr führte er diese bei den Yeziden ein. Diese umfassen z.B. die Einführung eines Kastensystems und die strengen endogamen Heiratsregeln. Diese Neuerungen sollten die gegenseitige Abhängigkeit und damit einen besseren Zusammenhalt der Yeziden bewirken, da die Yeziden starken Einflüssen von außen ausgesetzt waren.

Sheikh Adi wurde 1074 in Baalbek im heutigen Libanon geboren, er wurde fast neunzig Jahre alt und ist ca. 1161 in Lalish verstorben.

Er ist laut den yezidischen Lehren der letzte große Reformer des Yezidentums gewesen. Er führte ein asketisches Leben und mit ihm werden mehrere Wundertaten verbunden.

3.3. Verfolgungen

Die Yeziden sprechen von der jetzigen Verfolgung als 74-te Verfolgung in ihrer Geschichte. Alle Verfolgungen im Einzelnen aufzuzählen, deren Opfer die Yeziden geworden sind, dauert lange, sagt Roger Lescot, französischer Orientalist (1914-1975). Um einen Überblick darüber zu gewinnen, halte ich mich an die Rekonstruktion von Roger Lescot, der dieses aus arabischen und osmanischen Quellen zusammengestellt hatte. Es handelt sich um die Verfolgungen aus dem früheren Vilayet von Mossul (dem Kerngebiet der Yeziden). Nach Alexander Sternberg-Spohr, der sich auch auf Lescot beruft, ist die erste dokumentierte Verfolgung 1640. Nach diesem Vorfall gibt es ein ewiges Hin und Her aus Strafexpeditionen, wegen Steuern und Überfällen der Yeziden auf Muslimische Dörfer und Eroberungsversuche der osmanischen Machthaber, auch wurde als Grund angegeben, dass die Yeziden, Yazid den Ersten anbeten. Dieser tötete nach muslimischem Glauben den Enkel Mohammeds, daran glauben die Sunniten.

Die Schiiten glauben, dass Yazid 80 Gefährten von Mohammed ermordete, dies nutzten die Osmanen als Vorwand, um gegen die Yeziden vorzugehen. Wegen diesem Hin und her betrachte ich erst die Geschichte ab 1832, da es ab diesem Zeitpunkt wirklich erste Massengenozide an den Yeziden gab.

So sagt Roger Lescot laut Sternberg-Spohr:

„1832 Kommt es zum blutigsten Ereignis in der Yezidischen Geschichte: Bedir Khan Beg, Emir von Bhotan, dringt in den Sheikhan ein. Trotz des heftigen Widerstandes der Yezidi gelingt es den Truppen des Emir, ihr Gebiet einzunehmen. Ihr Prinz, Ali Beg wird gefangen genommen, nach Rojvadar gebracht und zu Tode gefoltert. Nach der Eroberung des Sheikhan plündern die muslimischen Kurden die Dörfer der Yezidi und töten die Bewohner. Um wenigstens ihr Leben zu retten, versuchen die Einwohner des Sheikhans den Sinjar zu erreichen, doch vor den Toren Mossuls halten sie die steigenden Fluten des Tigris auf. Einigen gelingt es, den Fluss schwimmend zu überqueren. Die am Ufer zurückgebliebenen werden von ihren Verfolgern ermordet". (s. Oppenheim, Vom Mittelmeer bis zum Persischen Golf, Kap. 18)

1838 greift der Vali von Diyarbekir erneut den Sinjar an.

„Zwischen 1832 und 1838 soll die Yezidische Bevölkerung Shingals wegen der an ihr begangenen Progrome um drei Viertel dezimiert worden sein"[57]

„1846: Der Vali von Mossul unternimmt eine Expedition ins Gebiet der Yeziden, da diese sich über zu hohe Steuern beklagt hatten, als er Mihirkan erreicht, lässt er in die Stadt Unterhändler schicken, um sein Vorhaben zu erklären. Diese werden aber mit Gewehrkugeln empfangen. Deshalb ließ er das Dorf niederbrennen, die überlebenden Yeziden flüchteten in die Berge und leisteten den Türken 3 Tage, bis sie in der Nacht entkommen konnten.

1892: General Omar Vahbi Pasha treibt Steuerschulden ein und stellt ein Ultimatum, Tod oder Konvertation. Als abgelehnt wird, dringt er in den Sinjar ein und droht alle Yeziden zu töten. Durch diese Drohung konvertieren 14.000 Yeziden zum Islam. Der General plündert das Heiligtum und lässt es als Moschee benutzen.

---

[57] Layard 1850 Seite 277 aus Die Yeziden und das Yezidentum

1914-18: Die Yeziden bekamen zwar nichts vom ersten Weltkrieg mit, aber wollten sich mit den Osmanen anlegen und halfen so 20.000 Armeniern zur Flucht vor dem Genozid an den Armeniern. Die Türken reagierten und senden Truppen. Nach einer verlorenen Schlacht müssen sie in das Gebirge fliehen und werden von den Engländern wenig später befreit.“ [58]

3.4. Situation der Yeziden in ihren Heimatländern in der Historie

3.4.1. Osmanisches Reich

Das osmanische Reich bestand 600 Jahre lang (1299-1922[59]), in den ersten drei Jahrhunderten des Bestehens war ein freies Leben für die Yeziden und Kurden möglich und sie bildeten eigene Fürstentümer. 1514 griffen die Perser das osmanische Reich an und der Sultan verbündete sich mit den Kurden, wofür er die Unabhängigkeit der Kurden anerkennen wollte. Zusammen besiegten sie die Perser bei Chaldyran. Jedoch 1639 einigten sich die Osmanen und die Perser auf Frieden und so begann die Osmanisierung und Unterdrückung der Kurden.

Die kurdischen Fürstentümer wurden in die Länder einverleibt, das letzte 1848. Schulen im kurdischen Gebiet wurden marodisiert und nicht wieder eröffnet. Das osmanische Reich wurde 1918 aufgelöst und bildete danach die Türkei und den Irak. Zu den Genoziden an den Yeziden nach dem ersten Weltkrieg wird folgendes gesagt: „Vor 96 Jahren spielte sich eines der schrecklichsten, grausamsten und blutigsten Blätter in der Geschichte der Anhänger der sehr alten jesidischen Religion. Damals haben die „Moslems“ im Nordosten und Südosten des osmanischen Reichs auf Befehl der osmanischen Behörden nach dem Völkermord an den Armeniern ein unvorstellbares Blutbad bei den Jesiden veranstaltet. Tausende von Jesiden wurden regelrecht hingeschlachtet. Nur ein kleiner Teil konnte sich durch Flucht nach Armenien und Georgien von den muslimischen Truppen retten oder flüchten. Dieses schwere Verbrechen gegen die Menschlichkeit des Osmanischen Reichs ist von allen vergessen worden oder von niemandem anerkannt.“ [60]

---

[58] „Gutachten zur Situation der Yezidi in der Türkei“ von Alexander Sternberg-Spohr

[59] https://www.orientdienst.de/muslime/minikurs/osmanisch/

[60] https://tangsir2569.wordpress.com/2014/10/23/der-yezidische-genozid-jungturkenataturkerdo ganisis/, Zugriff am 31.01.2017

3.4.2. Russisches Kaiserreich, Sowjetunion, Russland, Armenien und Georgien

In den 1830-er und 70-er Jahren, im Zuge der Türkisch-Russischen Kriege, gab es eine Auswanderung von Yeziden aus der Osttürkei in die Gebiete von Georgien und Armenien.

Die zweite Auswanderungswelle gab es, als die Yeziden, nachdem sie den Armeniern geholfen haben, nach Armenien und Georgien fliehen mussten. Die russische Zugehörigkeit für Georgien und Armenien begann aber erst mit dem Sykes-Picot Abkommen (siehe Erklärung unter 3.2.3), wobei Georgien und Armenien Russland zugeordnet wurden. Nachdem Russland zur Sowjetunion gehörte, erkannte man die Yeziden an und ließ sie ihr eigenes Zentrum in der Provinz Aragazotn bauen – genauer gesagt im Dorf Alagyaz.

Nach Auflösung der Sowjetunion und steigendem Rechtspopulismus, der sich in Diskriminierung und vielen Repressalien wiederspiegelte, flohen viele Yeziden aus Georgien und Armenien nach Europa und Russland. In Armenien sind die Yeziden 40.000, damit sind sie die größte Minderheit im Land. [61] [62] [63]

3.4.3. Irak

Die Briten formten aus den ehemaligen osmanischen Provinzen Vilayet Bagdad, Vilayet Mossul und Vilayet Basra den Irak. Die Region Mossul gehörte damals noch nicht dazu, da sie Französisch war.

Durch das Sykes-Picot Abkommen von 1916 wurden die Gebiete des ehemaligen osmanischen Reiches von Großbritannien und Frankreich neu festgelegt, um ihre kolonialen Interessen durchzusetzen. Später wurde dieses Abkommen neu aufgesetzt, um Italien und Russland mit einzubinden. 1917 besetzten britische Truppen Bagdad und 1920 schufen sie eine Monarchie im Irak. Der neue arabische König war Faisal der Erste (Regentschaft: 1921-1933).

---

61 „Gutachten zur Situation der Yezidi in der Türkei" von Alexander Sternberg-Spohr, Oldenburg 1988

62 Jan Ilhan Kizilhan: Verortete Erinnerungen in der Gegenwart – Das religiöse und kulturelle Gedächtnis der Yeziden in der Türkei, Berlin 2014

63 http://www.ezidipress.com/blog/yezidische-gemeinschaft-in-armenien-erwartet-vom-unter nehmer-wiederherstellung-ihres-alten-friedhofes/

Nachdem der letzte König ermordet wurde und die Briten 1959 das Land verließen, wurden die Kurden für kurze Zeit anerkannt (von 1959-1961).

1961 kam dann die Baath-Partei an die Macht, dies währte aber auch nicht lange, da die Baath Partei bei einem Militärputsch von Abdas-Sallam Arif gestürzt wurde. Sein Bruder Abdar-Rahman brach 1967 die Beziehungen zu den USA ab. Nach einem zweiten Putsch 1968 eroberte die Baath Partei die Macht zurück und Saddam Hussein wurde Vizepräsident und nachher Präsident. Es kam aber 1969 wieder zu Aufständen und trotz eines Vertrages zwischen Saddam Hussein und dem Kurdenführer Mustafa Barzani, der den Kurden Freiheit zusicherte, dauerten die Kämpfe bis 1975. Bis dahin wurden die Kurden vom Iran unterstützt. Als diese Hilfe eingestellt wurde, mussten die Kurden kapitulieren. Nachdem Saddam Hussein dann die Macht ergriff, kam es zu Massenhinrichtungen an den Kurden und damit auch an den Yeziden. Zu den Massenhinrichtungen im Irak sagt Deutschlandradio: „Kurdische Dörfer wurden von Hubschraubern aus mit Giftgas bombardiert. [...] Insgesamt kamen bei der Anfal-Offensive etwa 180.000 Menschen ums Leben.“ [64] [65] [66] [67]

3.4.4. Syrien

In Syrien leben die Yeziden zum einen im westlichen Teil des Landes - um Afrin. Diese Yeziden sind gut integriert in die Gesellschaft. Dann gibt es noch den Teil in Ostsyrien, dort sind sie das schwächste Glied in der Rangordnung und der syrische Staat schützt sie nicht vor Repressalien. In Syrien wurden am 5.10.1962 120.000 Kurden ausgebürgert, mehrheitlich Yeziden. Man begründete dieses mit der angeblichen Tatsache, dass die Yeziden illegal eingewandert seien, obwohl sie Papiere hatten, die ihren rechtmäßigen Aufenthalt schon vor der Gründung des Syrischen Staates bewiesen. [68]

---

[64] http://www.deutschlandradiokultur.de/saddams-giftgasangriffe-auf-die-kurden.954.de.html?dram:article_id=145823, Zugriff am 31.01.2017

[65] „Gutachten zur Situation der Yezidi in der Türkei“ von Alexander Sternberg-Spohr

[66] www.palaestina.org/fileadmin/Daten/Dokumente/Abkommen/Historische/sykes_picot_abkommen.pdf

[67] Asylgutachten, Jesiden im Irak, http://www.amnesty.de/umleitung/2005/deu06/006, Zugriff am 15.12.2016

[68] Stellungnahme zur Situation der Yeziden in Syrien unter Berücksichtigung der aktuellen Rechtsprechung, Yezidisches Forum e.V., 2009

3.4.5. Türkei (Anatolien)

In der Türkei wurden Yeziden unter Atatürk offiziell nicht verfolgt, aber auch nicht anerkannt, viel mehr sah man sie als vom Islam abgespaltene Sekte. Trotzdem verhinderte der Staat nicht, dass sie von ihren muslimischen Nachbarn bedroht wurden und sie bekamen auch keine Hilfe von der Polizei oder vom Gericht, deshalb konvertierten viele oder flohen. Bedrohlich wurde es erst richtig, als die Auseinandersetzungen zwischen Militär und PKK begannen. Im Zuge dieses Konflikts flohen fast alle Yeziden aus der Türkei.

In den 1980-er Jahren begann die Regierung mit der Errichtung von sogenannten Staatsfarmen, dies waren ehemalige Yezidische Dörfer in der Südtürkei, wo bewaffnete Afghanen angesiedelt wurden, angeblich um Feinde aus Syrien und Iran fernzuhalten. Aber durch diese Aktion mussten „zufällig" fast alle in der Türkei lebenden Yeziden umgesiedelt werden. Zum einen in den Westen des Landes und zum anderen auf den türkischen Teil von Zypern, von dort flüchteten dann viele auf das europäische Festland.[69]

3.4.6. Iran

Im Iran leben einige tausend Yeziden auf dem Land. Um Repressalien zu entgehen, verschweigen sie bis heute ihre Religionszugehörigkeit. Unter Chomeni, dem schiitischen Führer im Iran wurden sie als nicht Muslime verfolgt.[70]

---

[69] „Gutachten zur Situation der Yezidi in der Türkei" von Alexander Sternberg-Spohr

[70] https://de.wikipedia.org/wiki/Jesiden, 10.1.17

4. EINWANDERUNG NACH DEUTSCHLAND 1961-1973

„In der Türkei sah die Türkifizierung[71] Atatürks 1923 zwar Minderheitenrechte vor, wandte diese jedoch auf die Kurden, die bis vor kurzem als „Bergtürken" diffamiert wurden, insbesondere yezidische Kurden, nicht an. Morde, Vergewaltigungen und Vertreibungen in kurdischen bzw. yezidischen Dörfern durch das Militär wurden nicht geahndet. [...] "[72] Zu der Vorgehensweise gegen die Yeziden sagte der Justizminister Mehmet Esat am 31.8.1930: „Es gibt in der Türkei mehr Freiheit als irgendwo in der Welt. Dieses Land ist ein Land der Türken, wer nicht von rein türkischer Herkunft ist, hat nur ein einziges Recht in diesem Land, das Recht Diener zu werden, das Recht Sklave zu sein."[73]. Die Yeziden wurden als minderwertig angesehen und diskriminiert.

„In all ihren Herkunftsländern haben die Eziden aufgrund ihres Eziden-seins in Unfreiheit auf der untersten Stufe der sozialen Hierarchie gelebt."[74]

Wegen dieser Diskriminierung war es für einige yezidische Familien die Rettung, als die Väter als Gastarbeiter nach Deutschland auswandern konnten, um dort ohne Verfolgung zu leben und zu arbeiten – später zogen ihre Familien auch nach. Die Einreise als Gastarbeiter war aber zeitlich begrenzt. Dazu schreibt die ezidische Akademie: „Nachdem am 30. Oktober 1961 ein „Anwerbevertrag" mit der Türkei geschlossen und auch im kurdischen Mardin ein Anwerbebüro für Arbeitskräfte eröffnet worden war, kamen in den sechziger Jahren des 20. Jahrhunderts zusammen mit zahlreichen türkischen und kurdischen Arbeitern auch Yezidi nach Deutschland, um hier als ‚Gastarbeiter' den bundesdeutschen Wohlstand zu mehren und vielleicht selbst auch ein wenig von diesem zu profitieren. Nicht zuletzt die schlechten politischen und sozialen Bedingungen für die kurdische und vor allem die yezidische Bevölkerung führten dazu, dass sich nach und nach immer mehr yezidische Arbeitnehmer

[71] „Türkifizierung oder Türkisierung (türkisch: *Türkleşme,* wenn freiwillig, und *Türkleştirme,* wenn unfreiwillig) ist ein Prozess des kulturellen oder politischen Wandels, bei dem etwas oder jemand, der kein Türke ist, zu einem wird – freiwillig oder unfreiwillig" Quelle: http://de.encyclopaedia.wikia.com/wiki/T%C3%BCrkisierung

[72] http://remid.de/info_yeziden/, Zugriff am 31.01.2017

[73] Gutachten zu Asylanträgen von Kurden türkischer Staatsbürgerschaft, Gutachter: Arjumand Sidiq, Germering 10.12.82

[74] Sefik Tagay und Serhat Ortac: Die Eziden und das Ezidentum, Hamburg 2016, Seite 95

dazu entschlossen, nicht in ihre Heimat zurückzukehren, sondern ihre Familien nach Deutschland zu holen, um für längere Zeit oder gar für immer ihre Heimat zu verlassen. In der Hoffnung auf ein sorgenfreies oder zumindest wesentlich besseres Leben in Deutschland stieg die Zahl der Yezidi in Türkisch-Kurdistan immer mehr an. Dieses war bis zum Erlaß des Anwerbestops für ausländische Arbeitnehmer im Jahre 1973 auch problemlos möglich."[75] Der Anwerbestopp wurde am 23.11.1973 von der Bundesregierung beschlossen.

„Die erste große Einwanderungsphase begann in den 1960-er Jahren: Unter den Gastarbeitern aus der Türkei waren viele Jesiden. Manche gingen nach Celle. Die Firma Telefunken begann 1966 in einem neuen Werk in Celle mit der Produktion von Farbfernsehern."[76] Telefunken fusionierte mit der AEG in Oldenburg/Kreyenbrück. Hier gab es ein Werk der AEG, wohin die Yeziden dann auch gezogen sind.

Abbildung 13: Schichtwechsel bei der AEG Oldenburg 1972[77]

[75] www.religionen.at, Zugriff am 31.01.2017

[76] http://m.taz.de/!5035368;m/ , Zugriff am 31.01.2017

[77] https://mobil.nwzonline.de/oldenburg/wirtschaft/waschmaschine-verlaesst-oldenburg_a_1, 0,476213249.html

„...macht das Oldenburger Fallbeispiel AEG besonders eindrucksvoll den Strukturwandel und den damit verbundenen Verlust industrieller Arbeitsplätze deutlich. Die AEG ist eines der wenigen Beispiele in Oldenburg, bei dem Arbeitskräfteanwerbung in den 60-er Jahren eine Rolle gespielt hat.“ [78]

5. FLUCHT DER YEZIDEN NACH DEUTSCHLAND AB 1973

Nach dem Anwerbestopp am 23.11.73 für Gastarbeiter mussten die Yeziden, um aus ihrem Land herauszukommen Asyl in Deutschland beantragen. „Bereits in den Jahren zuvor hatten viele Yezidi letztendlich auf Grund der sich für sie immer mehr verschlechternden Situation Türkisch-Kurdistan verlassen und hatten – wie tausende anderer Menschen, die aus den damaligen faschistischen Diktaturen Spanien, Portugal und Griechenland geflohen waren – allein deshalb in Deutschland nicht um Asyl nachgesucht, da sie hier auf Grund der bilateralen Anwerbeabkommen ein Aufenthaltsrecht erhalten konnten.

Nachdem es nunmehr diese Möglichkeit nicht mehr gab und auch die Vorschriften des Familiennachzugs immer mehr eingeschränkt wurden, mussten die geflohenen Yezidi nunmehr Asylanträge stellen, um nicht in die Türkei abgeschoben zu werden.

Dabei wurde zunächst die Existenz der Yezidi von dem für die Bearbeitung von Asylanträgen zuständigen Bundesamt in Zirndorf überhaupt nicht zur Kenntnis genommen. Die Anträge der aus Türkisch-Kurdistan geflohenen Yezidi wurden mit dem üblichen, per Kopierer vervielfältigten Bescheid, abgelehnt, den alle Asylbewerber aus der Türkei erhielten, egal ob sie Christen, Yezidi oder Moslems, Demokraten oder Faschisten waren. Auch als man auf Grund der massiven Kritik seitens der Verwaltungsgerichte an den wortidentischen Bescheiden der Asylbehörde bei dieser dazu überging, in den Bescheiden auf die Yezidi einzugehen, leugnete man (wiederum wortgleich in zahllosen Bescheiden, wobei nur auf Grund des technischen Fortschrittes die Kopierer durch sog. Textautomaten ersetzt worden waren), dass die Yezidi in Türkisch-Kurdistan verfolgt wurden.“ [79]

---

[78] Arbeitsmigranten und die nachfolgenden Generationen zwischen Integration und Ausgrenzung, Uni Oldenburg, Peter Bremer, 1999, Seite 76

[79] http://www.ezidische-akademie.de/de/asylrecht/39-asylrecht/77yezidi-und-asyl-in-deutsch land. html, Zugriff am 31.01.2017

1981 - Zweiundzwanzig Führer der Yeziden werden gezwungen muslimisch zu werden und die verhasste blaue Uniform der Armee anzuziehen. „Zu einer weiteren großen Einwanderung kam es nach dem Militärputsch in der Türkei im September 1980, als Jesiden wie alle Kurden unter der Diktatur von General Kenan Evren zu leiden hatten..."[80] Bei dem oben erwähnten Putsch in der Türkei wurde das Parlament aufgelöst, Parteien, Gewerkschaften und Verbände verboten. Es gab eine Verhaftungswelle sondergleichen, dabei waren 47.000 politische Gefangene und nach einem Jahr waren es 70.746. Davon waren 20.365 Untersuchungshäftlinge. Außerdem gab es Fälle von Folterungen, die manchmal sogar tödlich endeten. Dies löste die erste große Flüchtlingswelle aus, die aus der Türkei nach Deutschland gekommen ist, meist Kurden, da diese besonders verfolgt wurden.

„Das Verwaltungsgericht Stade erkannte die Jesiden aus der Türkei 1982 erstmals als ‚Gruppenverfolgte' an..."[81] Zur Verfolgung in der Türkei sagte das Auswärtige Amt am 2.8.1982 noch: „Eine Verfolgung der Jeziden hat es weder vor noch nach dem 12.9.1980 gegeben".[82]

„In den nächsten Jahren folgten weitere Urteile in Niedersachsen, 1989 zog Nordrhein-Westfalen als Bundesland nach. Durch den Nachzug in die norddeutschen Wohnorte ihrer Verwandten leben heute so gut wie keine Jesiden mehr in der Türkei. Nach dem Giftgasangriff Saddam Husseins auf die Kurden im nordirakischen Halabdscha 1988 und dem zweiten Golfkrieg 1990 flohen wieder vermehrt Jesiden nach Deutschland. Auch aus Syrien kamen Familien – immer in die Städte, in denen ihre Verwandten lebten."[83]

Mit der sogenannten Redemokratisierung 1987 wurde für die Yeziden aus der Türkei alles schlimmer, denn in neun kurdischen Provinzen wurden Gouverneure eingesetzt und über diesen Gouverneuren stand ein „Supergouverneur, welcher in seinen Provinzen die absolute Kontrolle hatte. Dieser machte kurdische Grundbesitzer zu sogenannten Dorfschützern, die ihr Dorf vor Terror

[80] www.religionen.at, Zugriff am 31.01.2017
[81] www.religionen.at, Zugriff am 31.01.2017
[82] Akte 5VGA318/81, Verwaltungsgericht Stade, Urteil wegen Anerkennung als Asylberechtigte
[83] www.religionen.at, Zugriff am 31.01.2017

schützen sollten. Im Gegenzug für die Kooperation hatten diese Dorfschützer keine Strafverfolgung zu befürchten. Dazu schreibt Alexander Sternberg-Spohr: „In der Praxis sieht das so aus, daß Dorfschützer nach Belieben in den Dörfern schalten und walten können, daß sie morden, entführen, brandschatzen, stehlen und erpressen können unter dem Vorwand der Terroristenbekämpfung. [...] So nehmen Polizei, Gendarmarie und Staatsanwaltschaft Anzeigen von Opfern von Übergriffen der Dorfschützer entweder gar nicht entgegen oder ziehen den Anzeigenden wegen Verleumdung eines Staatsorgans zur Verantwortung. [...] Den Yezidi bleibt wegen der besonderen historischen, emotionalen und ideologisch-religiösen Voraussetzungen kein Ausweg außer der Flucht.“ [84]

5.1 Reise des ehemaligen Innenministers Dr. Herbert Schnoor in die Herkunftsgebiete der Yeziden

In einer einwöchigen Reise erlebte Schnoor, gemeinsam mit den Religionswissenschaftlern Dr. Wiessner und Sternberg-Spohr, die Situation der Yeziden in der Südosttürkei. In Davudi sah Schnoor wie Yeziden unterdrückt wurden und „Ein neuer Großgrundbesitzer versuchte jedoch, systematisch, moslemische Familien ins Dorf zu bringen und verschlechterte entsprechend die Pachtbedingungen für die Jeziden.“ [85]

In Midyat schliefen die Wießners bei einem befreundeten Schuldirektor, während die anderen in einem Hotel unterkamen, ständig verfolgte sie ein Mann der örtlichen Polizei. Nach einer Nacht im Hotel, Frühstückten die Reisenden bei dem Schuldirektor, sein Vater war auch anwesend, welcher ihnen erklärte, dass es keine reichen Yeziden gibt und diese sobald die reichen Christen wegziehen mitgehen würden.

Das Yezidendorf Kivah lebte von der Schafs- und Ziegenzucht, dennoch erklärte die türkische Forstbehörde alle Wälder um das Dorf zu Aufforstungsgebieten. Somit war das Dorf ohne Einkommen und dem Tod oder der Flucht

[84] Gutachten zur Situation der Yezidi in der Türkei, Alexander Sternberg-Spohr im Auftrag der Gesellschaft für bedrohte Völker, Mai 1988, Seite 75

[85] Reiseprotokoll der Reise von Innnenminister Dr. Herbert Schnoor in die Südost-Türkei vom 1.Mai bis 7.Mai 1989

ausgesetzt. Ein junger Mann sagte: „Istanbul ist keine Alternative für uns. Dort schlagen sie uns.“[86]

Im größten Dorf Bacin wurde ein weiterer Stop gemacht. Dort wurde der Reisegruppe erzählt, dass die meisten Yeziden dort nach Deutschland gehen möchten.

Den weiteren Tag verbrachte die Gruppe in verschiedenen Yezidischen und Christlichen Dörfern.

Am 5. Mai besuchten sie das wohlhabendere Dorf Simis im Besiri Gebiet. Beim wohlhabenderen Yeziden Yusuf Bey wurden sie aufgenommen, dieser erzählte ihnen davon, dass er dableiben möchte und nur Angst habe vertrieben zu werden. Als ehemaliger Gastarbeiter gehe er eso eso ein viertel Jahr nach Deutschland und brauche dort nicht die ganze Zeit zu leben.

Zur Abreise kaufte Dr. Schnoor noch einige Kekse, der Händler erklärte ihm, dass die Muslime bei Yeziden nicht einkaufen, da die Waren unrein und das Geschäft voll Sünde sei.

Durch diese Reise veränderte sich Schnoors Meinung in der Richtung, dass die Länder Niedersachsen und Nordrhein-Westphalen gemeinsam eine Regelung für die Yeziden fanden. Sie durften bleiben.

Sahap Dag, Vorsitzender des Oldenburger Yezidischen Forums, ist selbst aus der Türkei 1985 geflohen. Er sagte, dass er im Südosten der Türkei gelebt hatte und wegen der Unterdrückung in seinem Land mit Frau und Kind fliehen musste. Er hat sich mit dem Auto nach Istanbul durchgeschlagen und ist von da aus dann nach Aachen geflogen. Danach ist er in einem Flüchtlingsheim untergekommen. Als er dann arbeiten durfte, betätigte er sich zuerst als Bauarbeiter, bis er dann nach zwei Jahren nach Oldenburg gezogen ist und studierte. Er sagte, dass man am Anfang zuhause noch Kurdisch sprach, aber sobald man Deutsch konnte, hat man deutsch gesprochen. „Am Anfang, habe ich festgestellt, ich muss Deutsch lernen, ohne Deutsch kommt man nicht weiter.“[87], auch habe er einen Deutschkurs besucht.

[86] Reiseprotokoll der Reise von Innnenminister Dr. Herbert Schnoor in die Südost-Türkei vom 1.Mai bis 7.Mai 1989

[87] Interview Dag, Sahap, geführt am 4.12.2016

Yilmaz Tekce ist auch in der Türkei geboren und 1986 geflohen. Er ist als Kind im Alter von 10 Jahren mit seinen Geschwistern im Flugzeug nach Deutschland gekommen. Seine Verwandten sind über eine Fluchtroute nachgekommen. Zuerst kam Yilmaz in Hannover an und schlief bei seinem Onkel. Für ihn war es am Anfang stressig, weil er sagt, dass man am Anfang nicht gern gesehen war und ihm sind deshalb auch viele Vorurteile begegnet. Irgendwann sind Yilmaz und seine Familie dann nach Oldenburg gezogen, dort sind sie gut aufgenommen worden, heutzutage arbeitet Yilmaz als Bürokaufmann.88

[88] Interview mit Tekce, Yilmaz, geführt am 18.09.16

6. RECHTLICHE SITUATION DER YEZIDEN IN DEUTSCHLAND AB 1973

Nach 1973 wurden Yeziden, die Asyl beantragten, wieder, mit der Begründung abgeschoben, dass sie in der Westtürkei leben könnten. Dies beruht wie oben schon erwähnt auf einer Fehleinschätzung des Auswärtigen Amtes.

Zur Asylsituation der Yeziden aus der Türkei in Deutschland während der 1980-er Jahre besagt ein gemeinsames Schreiben der Länder Niedersachsen und Nordrhein-Westfahlen an den Bundesminister des Auswärtigen Herrn Hans-Dietrich Genscher vom 15. März 1989: „In Niedersachsen und Nordrhein-Westfalen gelten Sonderregelungen für Jeziden, die vor dem 01.01.1981 bzw. dem 01.01.1986 eingereist sind. Die Mehrzahl der danach eingereisten Jeziden kann gegenwärtig den Aufenthalt nur darauf stützen, dass die anhängigen Asylverfahren noch nicht abgeschlossen sind oder dass der Aufenthalt im Hinblick auf Verfassungsbeschwerden, die seit 1983 anhängig sind, ohne dass bislang eine Entscheidung ergangen wäre, geduldet wird. Die wenigsten Asylverfahren gehen aber positiv aus. Deshalb wächst täglich die Zahl der Menschen, bei denen eine Entscheidung über die Abschiebung oder Duldung notwendig wird. An einer baldigen Antwort des Auswärtigen Amtes ist deshalb Herrn Kollegen Hasselmann ebenso wie mir [Schnoor] sehr gelegen.“ [89]

Außerdem gab es eine weitere Schwierigkeit für die Yeziden durch die unterschiedliche Einschätzung des Asylstatus seitens der Behörden. Dieses führte in manchen Fällen zur Abschiebung. Dabei muss man sagen, dass die Yeziden zuerst anerkannt wurden, dies zeigte das Stader Urteil von 1982, indem die Yeziden als Asylberechtigt anerkannt wurden. Ein paar Jahre später, genauer 1989, wurde ihnen dieser Status vom OVG Münster aberkannt. Dieses sagte zu Schnoors (ehemaliger Innenminister des Landes Nordrhein-Westfalen, welcher selbst in das Krisengebiet gereist ist) Reisebericht folgendes: „In den ‚Reisenotizen‘ von Schnoor wird offenbar lediglich ein subjektiver, nicht durch konkrete Äußerungen belegter Eindruck wiedergegeben, [...]“ [90]

---

[89] Entwurf für ein Schreiben von Schnoor, an den Bundesminister des Auswärtigen Herrn Hans-Dietrich Genscher, nachrichtlich: an den Bundesminister des Innern Herrn Dr. Friedrich Zimmermann und nachrichtlich: Innenminister/-senatoren der Länder, eingegangen am 15. März 1989 beim damaligen Niedersächsischen Innenminister Hasselmann

[90] Urteil des OVG Münsters zum Verwaltungsrechtsstreits wegen Asylgewährung vom 1.08.1989, 18A10236/87

„ [...] hier hatte das Verwaltungsgericht Stade aufgrund der Gutachten von Prof. Dr. Gernot Wießner schon 1982 für Recht erkannt, dass die Yeziden in der Türkei einer Gruppenverfolgung unterliegen, die vom Staat auch nicht verhindert wird. [...] Wichtig ist dabei nur, ob der Antragssteller Yezide ist. Das Einzelschicksal muss nicht mehr besprochen werden. Die Anerkennung in Niedersachsen fegte das Oberverwaltungsgericht in Lüneburg (OVG Lüneburg) bis Anfang 1993 vom Tisch.“ [91]

Das heißt, dass vor dem OVG in Lüneburg die Asylverfahren trotz des positiven Stader Urteils bis 1993 negativ endeten. Die Oberverwaltungsgerichte aller Bundesländer entschieden frei nach ihrer Überzeugung.

7. GEMEINDEN IN DEUTSCHLAND

Große Gemeinden gibt es in

Leer, Oldenburg, Bremen, Osterholz-Scharmbeck, Walsrode, Celle, Hannover, Berlin, Bielefeld, Herford, Emmerich, Gießen, Pforzheim, Offenburg, Augsburg und München.

Wobei sich die meisten Yeziden in Norddeutschland befinden. Die größte Gemeinde ist Celle.

Die Gemeinden geben den Yeziden die Möglichkeit, religiöse Feste zu begehen, Trauerfeiern und Hochzeiten auszurichten. Wobei ein besonderer Augenmerk darauf zu legen ist, dass diese Menschen teilweise aus unterschiedlichen Herkunftsregionen kommen, die ihre religiösen Feste zuvor in ihren Dörfern nach unterschiedlichen Riten und an unterschiedlichen Tagen gefeiert haben.

All diese Menschen müssen in der Diaspora in Einklang gebracht werden, um ein Funktionieren der Gemeinden zu gewährleisten.

Da ich nicht Bezug auf alle Gemeinden nehmen kann, nehme ich als exemplarisches Beispiel die Gemeinde Oldenburg.

---

[91] Chaukeddin Issa: Das Yezidentum Religion und Leben, Studien zur yezidischen Religionsgemeinschaft unter Mitarbeit von Prof. Dr. Sebastian Maisel und Telim Tolan, Oldenburg 2007, Seite 188 ff.

8. YEZIDISCHES FORUM UND GEMEINDE OLDENBURG

1993 wurde von den Yeziden in Oldenburg ein Verein gegründet, das Kulturforum der Yezidischen Glaubensgemeinschaft, dieses wurde 1999 in Yezidisches Forum e.V. umbenannt. Hauptgründungsmitglied war Telim Tolan. Laut der regionalen Nord-West Zeitung vom 22.11.1993 waren damals 80 Familien in Oldenburg zuhause. Die Grundidee war, dass sich die Yeziden gedacht haben, sie könnten ihre religiösen und kulturellen Bedürfnisse frei ausleben, dazu brauchten sie nur eine Gemeinde und ein Gemeindehaus. Telim Tolan hat andere Yeziden angesprochen und dann mit der jungen Generation der Yeziden in Oldenburg diese Gemeinde gegründet.

NW Z 22.11.93

Oldenburger Yeziden gründen Verein

Glaubensgemeinschaft will die interkulturellen Kontakte fördern

rei **Oldenburg.** Zu den Religionsgemeinschaften, die stark unter Verfolgung zu leiden haben, gehören seit Jahrhunderten die in der Türkei, dem Irak und Syrien beheimateten Yeziden. Schätzungen über die Zahl der Angehörigen dieser Religion schwanken zwischen einer halben und anderthalb Millionen. Unter dem Druck von Repressalien durch den Islam sind viele Yeziden aus ihren Heimatländern geflüchtet. In Deutschland, wo sie als religiös Verfolgte asylberechtigt sind, leben ca. 15 000 Yeziden, und auch in Oldenburg sind 80 Familien zu Hause.

Telim Tolan ist Mitglied einer solchen Familie. Der 22 Jahre alte türkische Staatsangehörige mit kurdischer Volkszugehörigkeit und yezidischem Glauben fühlt sich als Auszubildender bei einer Oldenburger Bank voll integriert in das Leben dieser Stadt. Dennoch betrachtet er Glauben und Abstammung als wichtigen Teil der eigenen Identität, sieht sich und seine

Telim Tolan — Bild: Thomas Vorwerk

stern als Nachkommen einer Kultur, die er auch in der neuen Heimat pflegen möchte.

Um ihre überlieferten Werte aufrechtzuerhalten, aber auch um den Zusammenhalt untereinander zu fördern, haben die in Oldenburg lebenden Yeziden jetzt einen Verein gegründet, dessen Vorsitzender Telim Tolan ist. Zu den Zielen des „Kulturforums der yezidi-

schaft“ gehört nach seinen Worten auch die Förderung interkultureller Kontakte, wie sie eigentlich dem Wesen dieser Religion entsprechen. Denn ein Merkmal des yezidischen Glaubens sei die Toleranz gegenüber anderen Religionen. „Es gibt keine yezidischen Missionare“, erläutert Tolan, und fügt ein yezidisches Sprichwort hinzu: „Je mehr Kulturen man kennt, desto mehr ist man Mensch.“ Aus gegebenem Anlaß weist der 22jährige Kurde darauf hin, daß der Verein keine politischen Ziele verfolge und keinerlei Kontakte zu Parteien oder Organisationen habe, die die Auseinandersetzungen ihrer Heimatländer in Deutschland mit Gewalt weiterführen.

Ganz besonders liegen dem Vorsitzenden die Jugendlichen am Herzen, die hier im Spannungsfeld zwischen europäischer und yezidischer Kultur aufwachsen. Sie sollen über die Geschichte des Glaubens aufgeklärt werden, um eine Identität zu finden. Dringend gesucht wird ein Versammlungsraum.

Abbildung 14: Artikel der NWZ vom 22.11.1993 über die Gründung des Yezidischen Forums

Aufgaben des Vereins:

„1. Unterrichtung der Mitglieder in der yezidischen Religionslehre.

2. Förderung religiöser, kultureller, sportlicher und sonstiger Veranstaltungen, die zum Wohle und zum Zusammenhalt der yezidischen Gemeinschaft dienen soll.

3. Bereitstellung von Räumlichkeiten im Rahmen der Möglichkeiten zur Durchführung von Veranstaltungen, die den Vereinszweck unterstützen, wie z.B. religiöse Feiern.

4. Schaffung von Möglichkeiten für Freizeitaktivitäten für Jugendliche, Probleme, die aus dem Aufwachsen der Jugendlichen in zwei Kulturen sich ergeben, finden besondere Beachtung.

5. Vertretung der yezidischen Interessen in der Öffentlichkeit.

6. Förderung interkultureller Begegnungen zur Aufklärung und Information über die yezidische Kultur.

7. Bildung eines Meinungsforums zur Bewältigung alltäglicher Probleme, die sich u.a. aus dem Leben in einem kulturell fremden Umfeld ergeben.

8. Zusammenarbeit mit Organisationen, die die Interessen des Vereins unterstützen.“ [92]

In der yezidischen Gemeinde gibt es seit Gründung verschiedene Gremien, diese wären der Vorstand, der Ältestenrat, die Frauen, die Jugend und der Bildungsausschuss. Das Yezidische Forum kooperiert mit dem Lalish Zentrum im Irak, mit dem Zentralrat der Yeziden in Deutschland, mit dem Antidiskriminierungsnetzwerk Niedersachsen und auch mit dem Haus der Yeziden in Georgien. Außerdem veranstalten sie Seminare über das Yezidentum, betreiben Pressearbeit, Initiieren internationale Konferenzen und geben Fortbildungsangebote. Natürlich leisten sie auch religiöse Arbeit wie Trauerfeiern, Taufen, Hochzeiten, Religiöse Feste und interreligiöse Dialoge, auch werden yezidische Kinder in der Religion unterwiesen.

[92] Aus der Gründungssatzung des Yezidisches Forum e.V., 1993, Oldenburg, Seite 1

Es gibt Angebote nur für Frauen, unter anderem Schwimmkurse, Fahrradkurse, Sprachkurse und Kurse zur Förderung der Gleichberechtigung zwischen Mann und Frau und auch Begleitung bei Behördengängen.

Einen gewichtigen Bereich der Gemeindearbeit nimmt die Integrationsförderung ein. Dabei sollen neu angekommene Yeziden von anderen, die in Deutschland schon länger leben, Hilfestellungen bekommen bei der Beratung in Asylverfahren, auch durch Erstellung der Zugehörigkeitsbescheinigungen und Eheschließungen, auch Gutachterliche Stellungnahmen gehören dazu.[93]

Das Yezidische Forum war und ist nur eines von vielen yezidischen Institutionen in Deutschland, sie hatten sich sogar schon laut folgendem Artikel zu einer Allianz zusammen geschlossen, welche aber heute nicht mehr besteht: „Die Yeziden in Deutschland haben alle zusammen im Jahre 1994 eine Allianz der Yeziden gegründet. Das heißt alle Vereine in Deutschland arbeiteten und beschließen zusammen die Aktivitäten der Allianz.

Wer ist alles in der Allianz?

Yezidisches Forum e.V.

Gemeinden der Eziden e.V.

Verein der Eziden am unteren Niederrhein e.V.

Plattforma ezidischer Celler

Yeziden-Zentrum im Ausland e.V

E-ZI-DI Yezidischer Kulturverein in Ostfriesland e.V.“[94]

---

[93] PowerPoint - Präsentation über das Yezidische Forum e.V., unveröffentlicht

[94] http://www.yezidische-religion.de/41310.html, Zugriff am 31.01.2017

Die Satzung der Allianz hatte noch zusätzlich zu der Satzung des Forums folgende Punkte:

- „Vertretung der Yeziden in kultureller und religiöser Hinsicht auf Landes- und Bundesebene
- Unterstützung bei der Professionalisierung der yezidischen Gemeinden
- Anerkennung der Yeziden als Religionsgemeinschaft und später als Körperschaft des Öffentlichen Rechts
- Unterstützung bei der Integration und Transformation der Yeziden bei Wahrung des besonderen Charakters und der Grundprinzipien des Yezidentums
- Schutz der Yeziden gegen Benachteiligung und Verfolgung

Seite 10 * Mai 1994 * deutsch * Dengê Êzîdîya

Offener Brief an die Stadt Oldenburg

Antrag auf räumliche und finanzielle Unterstützung

Sehr geehrter Herr Wandscher.

Bevor wir unser eigentliches Anliegen erläutern, möchten wir uns als neugegründeter Verein in Oldenburg kurz vorstellen.

Unser Verein, "Kulturforum der yezidischen Glaubensgemeinschaft e.V.", wurde am 31.Oktober 1993 gegründet. Der Verein hat zur Zeit 60 yezidische Familien als Mitglieder (ca. 400 Personen). Ziel des Vereins ist die Aufrechterhaltung und Weitervermittlung der religiösen und kulturellen Inhalte sowie Werte und Bräuche der yezidischen Gesellschaftsform.

Die Yeziden sind Angehörige einer uralten monotheistischen kurdischen Religion, deren Ursprung in dem Zeitraum von 3000 Jahre v. Chr. auf die sumerisch-babylonische Religion zurückführt. Aufgrund der religiösen Unterdrückung mußten die Yeziden ihre Heimat verlassen und sind größtenteils nach Deutschland geflüchtet, wo sie als Asylberechtigte anerkannt sind.In Deutschland leben ca. 25000-30000 Yeziden., darunter 600 in Oldenburg.

Für unsere Vereinsarbeit benötigen wir finanzielle und räumliche Unterstützung. Ein Großteil unser Vereinsaktivitäten ist an das Vorhandensein von Räumlichkeiten gebunden. Besonders für die Jugendarbeit ist es notwendig, daß wir einen dauernden Treffpunkt schaffen. Hier sollen die Jugendlichen die Möglichkeit haben, sich zu unterhalten, gemeinsam zu spielen und unter anderem Folklore zu machen. Desweiteren haben wir Raumbedarf für kleinere religiöse und kulturelle Veranstaltungen. Hierbei haben wir an einen Raum gedacht, in dem ca. 30 Personen Platz nehmen können und 2-3 Nebenräume, in die sich kleinere Gruppen zurückziehen können. Die Räume dürfen renovierungsbedürftig sein.

Wir sind uns bewußt, daß wir nicht der einzige Verein sind, der mit einer Bitte an Sie herantritt. Dies wurde uns unter anderem bei der ersten mündlichen Anfrage im November von Herrn Dr. Sebert bestätigt. Jedoch sollte man bei der Entscheidung über den Antrag unsere besondere Situation berücksichtigen. In unserem Ziel, eine alte unterdrückte Religion und Kultur aufrechtzuerhalten, unterscheiden wir uns wesentlich von z.B. Sportgruppen, die "nur" Partikularinteressen vertreten. Hinter diesem Verein steht die yezidisch-kurdische Gesellschaft, und der Erfolg des Vereins ist zur Existenzfrage für das Yezidentum geworden. Mit der Unterstützung würden Sie einen großen Beitrag zum Erhalt unser Kultur und Religion leisten und vor allem wichtige Vorteile für das Zusammenleben in der Stadt Oldenburg erzielen.

Im Einzelnen lassen sich hierzu folgende Punkte aufführen.

1. Der Schwerpunkt unserer Vereinsarbeit liegt in der Betreuung der yezidischen Jugendlichen (ca. 200). Viele yezidische Jugendliche fühlen sich mit ihren Problemen alleingelassen. Sie befinden sich in einem Spannungsfeld zwischen zwei Kulturen und haben Identitätsprobleme. Dies sind Probleme, die bei einheimischen Jugendlichen in dieser Form nicht vorkommen.

Aufgrund unseres kulturellen Hintergrundes können wir uns besser als andere Institutionen in die Situation der Jugendlichen hineinversetzen und somit gezielt bei ihren Problemen helfen.

Mit dieser Arbeit leisten wir einen unverzichtbaren Beitrag zur Jugendarbeit in Oldenburg und entlasten die städtische Jugendbetreuung. Wir fördern die Integration der Jugendlichen und vermitteln wichtige soziale Werte wie Menschlichkeit und Toleranz.

Anzumerken ist, daß am 11.März 1994 unsere erste yezidische Jugendveranstaltung stattfand, bei der 50 yezidische Jugendliche anwesend waren. Auch hier war der größte Wunsch der Jugendlichen einen Treffpunkt zu haben.

2. Multikulturelle Gesellschaft bedeutet das Miteinanderleben unterschiedlicher Kulturen. Um diesem Anspruch gerecht zu werden, ist es unerläßlich, daß Minderheiten bei ihren Versuch zur Bewahrung der kulturellen Identität unterstützt werden. Unser Verein spricht sich für eine multikulturelle Gesellschaft aus und setzt sich nicht ohne Grund als satzungsmäßige Aufgabe die Förderung interkultureller Begegnungen, insbesondere also der Begegnung der Yeziden mit den Deutschen. Denn wir meinen, daß sich nur eine Kultur, die gelebt wird, auch austauschen kann. Dieser Austausch ist wichtig für die Harmonisierung und Belebung der Gesellschaft. Wichtig auch deshalb, weil der Kulturaustausch dabei hilft, Vorurteile abzubauen und damit eine Ursache der Ausländerfeindlichkeit bekämpft. Diesbezüglich beteiligen wir uns an der 'mutikulturellen Woche' vom 30.05.- 04.06.1994 mit einem Vortrag über unsere Religion.

3. Die Unterstützung unserer Vereinsziele liegt voll im Interesse vieler namenhafter Persönlichkeiten. Zu diesen Personen zählt auch der Innenminister von Nordrhein-Westfalen, Herr Dr. Herbert Schnoor, der die Schutzbedürftigkeit und Schutzwürdigkeit unserer Religion und Kultur erkannte. "Sicher ist nur eins, daß nach meinem Eindruck Religion und Kultur eines alten Volkes aussterben. Und das ist das, was mich besonders traurig macht." (Zitat vom 10.11.1989 einem Kongress in Hannover). Aber auch oldenburger Persönlichkeiten und Institutionen begrüßen unsere Initiative.

4. Dieser Antrag wird von den hier lebenden 600 Yeziden getragen. Diese Yeziden fühlen sich als Bürger dieser Stadt.

Wir wären Ihnen sehr dankbar, wenn Sie unseren Antragsbegehren stattgeben. Für weitere Fragen und Gespräche stehen wir Ihnen gerne zur Verfügung. Als Anlage überreichen wir Ihnen noch Informationen über unseren Verein.

Mit freundlichen Grüßen.

Abbildung 15: Offener Brief an die Stadt Oldenburg mit Ersuch um Räumlichkeiten und finanzielle Unterstützung

9. YEZIDISCHES GEMEINDEZENTRUM IN OLDENBURG

Die Yeziden suchten ein Gebäude zur Versammlung, welches sie 1997 selber bauten. Der Grund für den Bau wurde so angegeben: „Wir haben festgestellt, Deutschland bleibt unsere Heimat. Da alle Yeziden die Türkei verlassen haben, und viele aus dem Irak oder Syrien waren haben wir festgestellt, dass wir hierbleiben müssen und sollen, denn für uns war die Religionsfreiheit wichtig und wir haben festgestellt, dass es in Deutschland Religionsfreiheit gibt."[95]

Um das Grundstück für den Bau herrschte aber zunächst Streit, da auch andere Interessensgruppen das Grundstück haben wollten. Da dieses der Stadt gehörte, musste der Stadtrat entscheiden. Die Yeziden bekamen das Grundstück mit großer Mehrheit mit 27 von 29 Stimmen. Danach stellte sich ihnen die Frage, wie sie dies finanzieren. „Wir müssen erst mal anfangen und jeder muss ein zinsloses Darlehen hinterlegen, damit wir das Haus bauen können. Also ich hab selber damals 25.000 D-Mark zur Verfügung gestellt und einige haben 10.000, einige haben 15.000 gegeben und dann haben wir angefangen. Unsere Leute haben auch selber an der Baustelle gearbeitet, die Maurer und die Putzer haben uns geholfen, wir haben also das Haus von Spenden und dem Geld der yezidischen Gemeindemitglieder gebaut. Also langsam haben wir aufgebaut, also als wir fertig waren fehlte uns das Dach und weitere wichtige Sachen, da haben wir dann nachher bei der LZO einen Kredit bekommen, [...] Parkplatz war damals Schotter und dann haben wir nach zwei Jahren den Parkplatz gemacht und so weiter und wie du jetzt siehst, 1999 waren wir fertig, was heißt fertig, man konnte innen reinkommen, Fenster und Türen waren drin, Parkplatz war ja noch nicht fertig, viele Sachen waren noch nicht fertig, [...]."[96]

---

[95] Interview Dag, Sahap, geführt am 4.12.2016

[96] Interview Dag, Sahap, geführt am 4.12.2016

Das Gemeindezentrum wurde über die Jahre renoviert und mit mehr Räumen bestückt, an diesem Ort arbeitete das Yezidische Forum und es wird dort das Gemeindeleben betrieben.

Abbildung 16: Foto Tobias Frick

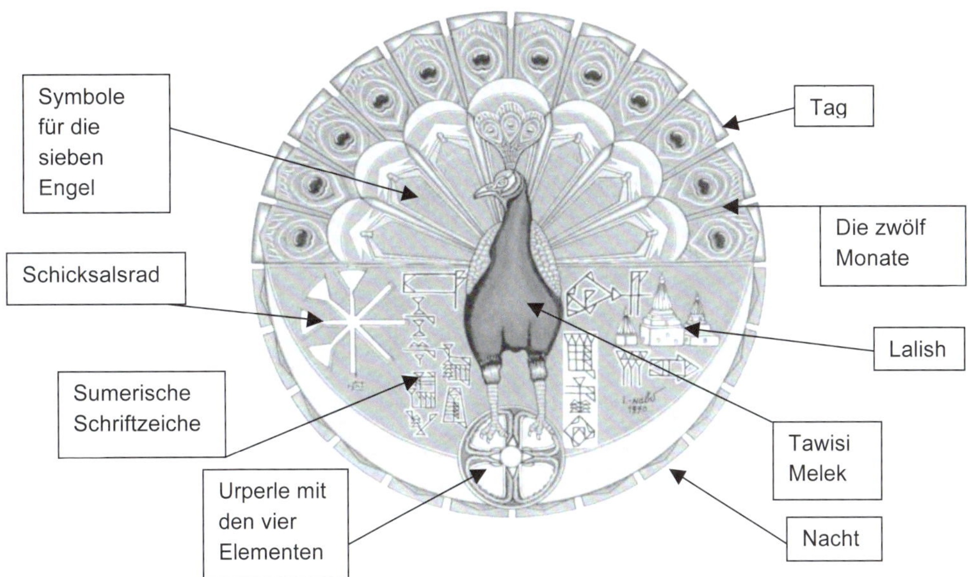

Abbildung 17: Logo des Gemeindezentrums und des Forums in Oldenburg, dies zeigt Tawisi Melek von Nabo

Sonntag, 1. Juli 2001

„Die Yeziden bereichern Oldenburg!"

Oldenburg (…) Nach monatelanger Vorbereitung konnte die über 4.000 Jahre alte Glaubensgemeinschaft der Yeziden jetzt das europaweit erste Gemeindezentrum in Oldenburg eröffnen. Das Yezidentum ist die Ursprungsreligion der Kurden. Durch die Zwangsislamisierung ist die Zahl der Mitglieder aber auf 800.000 zusammengeschrumpft – und die werden in ihrer jeweiligen Heimat verfolgt. Rund 4.000 Yeziden leben in und um Oldenburg.

„Die yezidische Glaubensgemeinschaft erweitert das Spektrum der religiösen, der konfessionellen Gemeinschaft unserer Stadt. Dies ist ein Ausdruck von Toleranz", betonte Oldenburgs Oldenburgs ehemaliger Kulturdezernent Dr. Ekkehard Seeber in seinem Grußwort. Ähnlich formulierte es auch der SPD-Bundestagsabgeordnete Dietmar Schütz. „Ein tolerantes und offenes Oldenburg freut sich auf die Bereicherung durch die yezidische Glaubensgemeinschaft in Kultur, Religion und Anderssein." Oldenburgs Bürgermeister Dr. Alfred Nehring griff in seiner Begrüßungsrede auf ein Zitat des Bundespräsidenten Johannes Rau zurück: „Wer ein festes Haus in der Fremde baut, der will auch bleiben!"

Telim Tolan, der 1. Vorsitzende des Yezidischen Forums, wies in seiner Rede auf die Signalwirkung des Ereignisses hin. Es sei das erste Gemeindezentrum, „dass in Europa Stein auf Stein von Yeziden errichtet wurde." Damit habe man gezeigt, dass man auch als kleine Gruppe gemeinsam etwas zustande bringen könne.

Tolan machte deutlich, wie schwierig die Situation von Yeziden in der Heimat – die meisten leben im Nordirak – ist. „In den Augen der fundamentalistischen Moslems gelten wir als Ungläubige, die entweder bekehrt oder umgebracht werden. Wer einen Ungläubigen tötet, dem öffnet sich das Paradies." In diesem Zusammenhang bedankte er sich bei all denen, die an der Anerkennung der Yeziden als religiös Verfolgte mitgewirkt hatten.

Das Forum hat es sich zur Aufgabe gemacht, Kultur und Religion zu pflegen und weiterzugeben, aber auch die Integration weiter zu fördern. „Yeziden fühlen sich als Bürger dieser Stadt, als Mitglieder dieser Gesellschaft. Viele besitzen bereits die deutsche Staatsangehörigkeit. Sie wollen mit ihrer Arbeit auch zum Wohl dieser Stadt und des Landes beitragen."

Oldenburgs Bürgermesiter Alfred Nehring überbrachte die Grüße der Stadt. Foto: rem

646 Lehrkräfte

Hunte Report mit Ammerland Report

Premiere für die Oldenburger Kurzfilmtage

stammt vom studentischen Kino der Uni Oldenburg „Gegenlicht". Dort wird bereits seit Jahren während des Sommersemesters ein Kurzfilmabend präsentiert. Das Interesse des Publikums konnte damit allein aber nicht mehr befriedigt werden. Weil zudem der Wunsch aufkam, auch studentischen K… mern ein Forum für ih… tionen zu biete… meinsam … Kino „RollenWechsel", der Oldenburger Filmgruppe „Halbtotal" und der Zeitschrift „Clubsessel" die Kurzfilmtage ins Leben gerufen.

Dem Publikum werden vom 3. bis zum 5. Juli täglich drei Filmblöcke in der Aula der Uni präsentiert. … 19 Uhr … trouille Orion, gefolgt von einem zweiten Kurzfilmblock (22 Uhr). Ab Mitternacht kommen dann nochmals die Freunde der deutschen Kult-Serie mit Dietmar Schönherr und Eva Pfaff auf ihre Kosten. Zudem wird der Filmemacherin Franziska Meletzky ein Portrait gewidmet. Abgerundet wird „zwergWERK" von einem bunten Rahmenprogramm … gibt es im Aulafoyer der … den Abendkassen.

Abbildung 18: NWZ- Artikel zur Einweihung des Gemeindehauses 2001

10. SITUATION DER YEZIDEN HEUTE

Im Irak und in Syrien könnte es für die Yeziden kaum schlechter stehen. Seit dem Genozid am 3.8.2014 hat der IS den gefangengenommenen Yeziden die schlimmsten Grausamkeiten angetan. Allein 2014 wurden 7000 Yeziden ermordet, 400.000 in die Flucht gedrängt und 5800 Frauen und Mädchen entführt, versklavt und vergewaltigt. Die meisten Yeziden aus dem Irak und Syrien befinden sich auf der Flucht und auch heute sind noch mehr als 3200 Yezidinnen in Gefangenschaft und werden verkauft oder verschenkt an IS-Kämpfer oder gut zahlende Käufer. Yezidische Jungen werden gezwungen zum Islam zu konvertieren.

Stephan Albani (MdB, CDU) erinnerte sich an die erste Hilfe für die Yeziden: „Unabhängig davon ist das für jeden ein schweres Schicksal, ich war damals als das im Shingal passierte gerade im Urlaub und habe mehrere Tage nichts anderes getan als zu telefonieren, um eine Sondersitzung des Auswärtigen Ausschusses angeregt, dort geholfen. Soweit ich weiß, waren es nachher die Bombardements der Amerikaner, damit die Yeziden Fluchtlinien hatten, um aus dem Gebirge rauszukommen. Das ist sicherlich eine martialische Ersthilfe, die man da macht. Andere Dinge, die wir getan haben, ist das wir die Entscheidung im deutschen Bundestag gefällt haben die Peshmerga mit Waffen zu versorgen, damit sie die Yeziden mitbeschützen können." [97]

Dennis Rhode (MdB, SPD) und Peter Meiwald (ehem. MdB, Bündnis 90/die Grünen) gründeten einen Arbeitskreis, indem laut Rohde: „[...] wo wir uns mal mit der Frage auseinandergesetzt haben, wie das völkerrechtlich zu bewerten ist, was eigentlich passiert ist. Ist das ein Massenmord, auf jeden Fall, ist es ein Genozid gewesen oder ist es keiner. Man muss sich mit der völkerrechtlichen Definition des Genozids auseinandersetzen und wir sind eigentlich alle zu dem Ergebnis gekommen, dass das einschlägig ist. Die Frage ist ja, wie man als Parlament damit umgeht. Der Deutsche Bundestag tut sich unheimlich schwer Genozide auch als Genozide zu bezeichnen, [...] Das europäische Parlament hatte

[97] Auszug aus dem Interview mit Stephan Albani, geführt am 24.05.2017

es ja als Genozid bezeichnet [...] und diejenigen Täter, die dafür verantwortlich sind, gehören eigentlich auch vor das Kriegsverbrechertribunal. Das wird natürlich ein bisschen schwierig, da die meisten Terroristen vom „Islamischen Staat" sind und man nicht weiß ob sie überhaupt noch leben. Wobei man auch schauen muss, welchen Anteil hat die Irakische Zentralregierung, was hat diese gemacht um die Yezidische Bevölkerung zu schützen und was ist mit der autonomen Region?"[98]

Sogar wenn sie es geschafft haben zu flüchten, sitzen sie in Flüchtlingslagern fest, aus denen heraus sie auch keine Zukunftsperspektive haben.

Es ist immer noch ein Kampf ums Überleben, auch in europäischen Flüchtlingslagern leben sie bei eisiger Kälte in Zelten und haben keinen Zugang zu warmen Wasser oder Strom und werden zwangsläufig krank. Insgesamt leben ca. 2500 yezidische Flüchtlinge allein in Griechenland, auch dort werden sie von radikalisierten Muslimen bedroht. 90% der Yeziden, die sich in Griechenland befinden, haben in Deutschland Verwandte, davon 75% sogar Verwandte ersten Grades, somit würde eine Aufnahme und Integration in Deutschland kein Problem darstellen.[99][100]

Die UNO und das EU-Parlament sagen zwar, dass es einen Genozid an den Yeziden gibt, dies hat aber nicht die Konsequenz, dass sie in andere EU-Länder umsiedeln können. Die EU-Länder haben sich darauf geeinigt, keine Religionsgemeinschaft zu bevorzugen.

„Ich würde keine Abwägung des Leides machen wollen, wer da mehr oder weniger Leid hat. Ich denke der eine Punkt ist, dass man dafür sorgen muss, dass in diesen Lagern jedwede Bedrohung aufhört, es ist doch Wahnsinn, da sitzen Menschen, die alle geflüchtet sind, und fangen dann in dieser Situation noch an, den Anderen das Leben zur Hölle zu machen. Dann ist das eine Aufgabe, dass dieses unterbunden wird, weil nimmst du dann eine Gruppe dort heraus,

---

[99] http://www.spiegel.de/politik/ausland/islamischer-staat-uno-fordert-rettungsplan-fuer-versklavte-jesiden-a-1097966.html, Zugriff am 31.01.2017

[100] https://www.nzz.ch/international/nahost-und-afrika/bedrohte-minderheiten-im-orient-jagd-auf-den-engel-pfau-ld.135327, Zugriff am 31.01.2017

dann ist es die nächste Gruppe. Du musst das Leid der Menschen lösen sowohl in den Ländern vor Ort, als auch in den Flüchtlingslagern.“[101]

Der junge Shex Wail Toza ist selber geflohen, er sagt dazu: „Ich bin vor zwei Jahren geflohen. Denn ich bin ein Yezide, der aus Syrien kommt. In unserer Stadt wurden wir von unseren Mitbewohnern nicht diskriminiert, nur vom Staat. Aber dann kam der IS und wir sind noch rechtzeitig geflohen und sind erst mal Richtung Süden gefahren. Irgendwann mussten wir durch eine streng muslimische Stadt und wir haben uns als Christen ausgegeben und meine Mutter hatte auch eine Bibel dabei, wir hatten nur gehofft nicht irgendwie angehalten zu werden und als Yeziden identifiziert zu werden.“[102]

Vielen Leuten stellt sich vielleicht die Frage, wie man mit den IS Tätern umgehen soll, eine vielvorgeschlagene Lösung ist eine Anklage vor dem Internationalen Strafgerichtshof. Dazu sagt der Ulf Prange (MdL, SPD), Mitglied des Niedersächsischen Landtages: „ [...] aber wir haben das in Jugoslawien gesehen, das hat diese Verfahren gegeben. Aber das ist auch eine unheimliche Zäsur, man muss ihnen habhaft werden, gegen sie ermitteln und auf jeden Fall zur Zeit scheint es noch nicht so weit zu sein. Das sind aber Menschenrechtsverletzungen, die vor den Internationalen Strafgerichtshof gehören und ich gehe davon aus, das wir in nächster Zeit die ersten Verfahren erleben können. Das ist zumindest mein Anspruch an den Internationalen Strafgerichtshof.“[103]

Zu den Asylanträgen, die von den Yeziden gestellt wurden, sagte Bundestagsabgeordneter Peter Meiwald (ehem. MdB, Bündnis 90/Die Grünen) folgendes: „Folgende Zahlen gibt es zu den Asylanträgen von Yeziden in Deutschland, jedoch ist unklar, wie viele davon bewilligt wurden bzw. werden.

- 2013 kamen 4196 Asylantragssteller aus dem Irak, 2281 Personen davon waren Yeziden

[101] Auszug aus dem Interview mit Stephan Albani, geführt am 24.05.2017
[102] Interview mit Wail Toza, geführt am 12.4.2017
[103] Auszug aus Interview mit Ulf Prange/geführt am 23.6.2017

- 2015 wurden rund 5000 yezidische Antragsteller erfasst, ein Großteil davon stammt aus Irak und Syrien. Bei 450 Fällen blieb die Herkunft unklar, 300 davon wurden abgelehnt, sie werden nur geduldet, wodurch eine Abschiebung jederzeit möglich ist.

- 2016 wurden 5,9% der Asylanträge von Yeziden gestellt. Davon kamen 1,5% aus Syrien, 38,8% aus dem Irak und 2,2% aus der Russischen Föderation.

- zum Stichtag des 31.12.2016 lagen ca 18.000 Anträge yezidischer Asylbewerber beim Bundesamt für Migration“ [104]

Die Situation, in der sich die Yeziden in Deutschland befinden, sieht so aus, dass viele der als Analphabeten in den 1960-er Jahren gekommenen Yeziden schon in der zweiten oder dritten Generation hier sind. Diese versuchen mindestens ein Kind auf eine Hochschule zu bekommen. Dadurch ist das Bildungsniveau der dritten Generation der Yeziden weitgehend sehr hoch. Diese dritte Generation ist es auch, die die religiösen Traditionen kritisch hinterfragt und zum Teil nicht mehr danach leben möchte. Während die erste Generation und die neuzugekommenen Flüchtlinge, die in dem patriarchalischen System ohne oder mit wenig Bildung aufgewachsen sind, diese Traditionen nicht hinterfragen, sondern in ihnen nicht zu diskutierende Gebote sehen. Damit sind Konflikte innerhalb der Glaubensgemeinschaft und zum Teil mit dem Deutschen Gesetz vorgekommen.

Da die oben genannten Konflikte zum Teil stark in der Öffentlichkeit diskutiert wurden, herrscht bei vielen Deutschen das Vorurteil, dass es sich bei dem Yezidentum um eine gewalttätig, von Männern dominierte Gesellschaft handelt. Jedoch wird dabei übersehen, dass es sich dabei um eine absolute Minderheit in dieser Religionsgemeinschaft handelt. Wenn so etwas bei den Yeziden passiert, wird in der Presse von Ehrenmord gesprochen. Passieren vergleichbare Dinge in einer deutschen Familie, ist es in der Presse ein Fami-

[104] Antwort auf Fragebogen / 6.06.2017

liendrama, was nicht, dass man über diese Fälle nicht berichten sollte, sondern eine Vorabbewertung unterlassen sollte. Taten, die gegen das deutsche Gesetz stehen, sollen und müssen bestraft werden. Denn wer hier lebt, hat als erstes die Gesetzgebung dieses Landes zu respektieren und zu achten.[105]

Dass dies die meisten Yeziden tun, und somit in der Mitte der deutschen Gesellschaft angekommen sind, beweist auch das Schreiben vom Bundespräsidenten Joachim Gauck zum Ida-Ezi Fest 2015. Joachim Gauck hat den Yeziden zum Ida-Ezi Fest gratuliert:

> „In diesen Tagen feiern Sie das Ida-Ezi-Fest. Zum Höhepunkt Ihres religiösen Jahres gratuliere ich Ihnen sehr herzlich und wünsche Ihnen besinnliche Stunden im Kreis ihrer Familie und Freunde. Sie feiern diesen Festtag nach einer Zeit des Fastens und der inneren Einkehr. Die Freude dieser Feier ist sicherlich bei den meisten von Ihnen getrübt angesichts der grausamen Verfolgung, die viele Ihrer Glaubensschwestern und -brüder im Nahen Osten erleiden. Ich stelle mir vor, wie sich in ihre Festtagsstimmung Trauer und Sorge um Verwandte und Glaubensgeschwister mischt, deren Schicksal ungewiss ist. In dieser Situation möchte ich Sie wissen lassen, dass ich in Gedanken bei Ihnen und Ihren Angehörigen bin. Das Ida-Ezi-Fest ist ein Zeichen der Dankbarkeit für das Leben im Hier und Jetzt. Ich wünsche Ihnen, dass diese Dankbarkeit Platz findet in Ihrem Leben, auch in Zeiten der Sorge – in der Hoffnung auf Frieden und Sicherheit für alle Angehörigen der jesidischen Glaubensgemeinschaft und allen Menschen in unserer einen Welt.
>
> Joachim Gauck
>
> Berlin, im Dezember 2015“ [106]

[105] Interview Geisler, Holger, geführt am 9.12.2016

[106] http://ezidipress.com/blog/bundespraesident-gauck-gratuliert-zum-ida-ezi-fest/, Zugriff am 31.01.2017

11. REFLEXION

Um zu meinen Fragestellungen am Anfang zurückzukommen, die Yeziden sind eine kleine Religionsgemeinschaft aus dem Nahen Osten mit vielen Parallelen zum Christentum, wie z.B. der Schöpfungsgeschichte und den Engeln, wobei es sich wohl um eine wesentlich ältere Gemeinschaft handelt, als die Christliche, Jüdische und Muslimische. Das Besondere an dieser Religion ist, dass ihre Anhänger nicht missionieren und nur untereinander heiraten. Die gesellschaftliche Besonderheit ist das Kastensystem, in das man hineingeboren wird.

Die Yeziden befinden sich laut eigenen Aussagen in der 74.ten Verfolgung, dies ist damit begründet, dass sie von anderen Religionsgemeinschaften nicht als Buchreligion anerkannt werden und nur eine Buchreligion ist nach z.B. muslimischer Ansicht überhaupt eine schützenswerte Religion. Diese gesellschaftliche Abstufung und die damit verbundene Ausbeutung und zum Teil gewalttätige Vertreibung bis hin zur Tötung machte die Yeziden zu Flüchtlingen. Diese kamen in den 1960-er Jahren zuerst als Gastarbeiter und danach als Flüchtlinge nach Deutschland und gründeten hier erste Gemeinden. In den Gemeinden geht es um die Vermittlung der Religion, Tradition und das Zusammenkommen der Familien, aber auch die Modernisierung der Religion.

Die meisten der hier lebenden Yeziden habe ich als sehr liberal und gut integriert kennengelernt. Diese sind gesellschaftlich in Deutschland angekommen und man kann dabei von einer sehr gelungenen Integration sprechen. Sie leben meist sehr unauffällig und man weiß bei vielen auch nicht, dass sie zur yezidischen Gemeinde gehören. Aber da sie das erste Mal hier in religiöser Freiheit leben dürfen, treten andere Probleme auf. In ihren Herkunftsländern haben sie meist geheim gehalten, wer sie sind, hier brauchen sie das nicht. Es wird eher von außen nachgefragt, was das für eine Religionsgemeinschaft ist und was die Traditionen dieser Gemeinschaft sind. Dadurch müssen sie sich das erste Mal in der Geschichte selber darstellen und vertreten. Sie machen dies durch Bildung von Gemeinden, Vereinen und dem Bau von Gemeindezentren. Sie gehen jetzt an die Öffentlichkeit und erklären, was ihre Religion und Kultur ist. Dies ist ein großer Fortschritt, beinhaltet aber auch, dass sie von außen kritisiert werden. Es wird die Aufgabe der jüngeren Yeziden sein, die yezidische Religion zu reformieren und der Moderne anzupassen, ohne ihre eigene Identität zu verlieren.

Meiner Meinung nach wäre es den Yeziden zu wünschen, ihre Religion, die nach friedlichen Glaubensgrundlagen lebt und vielleicht sogar der Ursprung anderer großer Religionen ist, in die heutige deutsche Gesellschaft zu integrieren, ohne dass ihr Glauben verloren geht und damit vielen Yeziden den Halt gibt, den sie brauchen.

12. BILDQUELLEN

[1] https://it.wikipedia.org/wiki/Yazdanesimo

[2] Diercke Weltatlas, Seite 112, Auflage 1984/85, Westermann Verlag GmbH, Braunschweig

[3] Diercke Weltatlas aus der Zeit des Nationalsozialismus, ca.1937 (keine Angaben im Atlas)

[4] Zeichnung Patrick Alexander Hahn

[5] https://de.wikipedia.org/wiki/%CA%BFAd%C4%AB_ibn_Mus%C4%81fir

[6,7,8] Zur Verfügung gestellt vom Yezidischen Forum

[9,10] Foto Patrick Hahn

[11] „Kasten“

[12] https://en.wikipedia.org/wiki/Meyan_Khatun

[13] https://mobil.nwzonline.de/oldenburg/wirtschaft/waschmaschine-verlaesst-oldenburg_a_1,0,476213249.html

[14] Foto: Patrick Hahn

[15] Offener Brief an die Stadt Oldenburg mit Ersuch um Räumlichkeiten und finanzielle Unterstützung

[16] Foto Tobias Frick

[17] Bild: Nabo

[18] Foto: Patrick Hahn

13. BEGRIFFSAMMLUNG

Meshefa Resh und Kiteba Celewe: Verschollene heilige Bücher des Yezidentums

Kherqe: Gewand hoher religiöser Würdenträger

Def und Shibab: Heilige Instrumente der Yeziden (Trommel und Flöte)

Berat: Kleine Kugeln geformt aus der Erde von Lalish und dem Wasser der Kanyia Sipi

Kanyia Sipi: Die heiligste Quelle in Lalish. Sie wird auch als weiße Quelle bezeichnet

Ezda: Bezeichnung für Gott „der, der mich geschaffen hat"

Xweda: Bezeichnung für Gott „der, der sich selbst geschaffen hat"

Yeziden: „die, die den Gott anbeten"

Enzel: „reine spirituelle Welt"

Melek: Engel

Qalib: Körper

Ruh: Seele

Havena Sunete: Hefe der Erkenntnis

Lalish (Lalisha Nurani): Religiöses Zentrum der Yeziden

Sheikh Adi: Größter Religiöser Reformer der Yeziden

Tawaf: Pilgerfahrt

Ziyarets: Heiligtümer, die nicht in Lalish liegen

Zimzim: Quelle in Lalish angeblich soll die Mündung des Flußes in Mekka liegen, wo sie als heiliger Fluß Zamzam angebetet wird von den Muslimen.

Ida oder Cejna: Fest

Rojiyen: Fastenzeit

Qabakh: Bullenopfer

Pir Ali: Pir, der Wundertaten vollbracht haben soll

Khidir Elyas: Elya aus der Bibel

Morkirin: Taufe

Bisk: Fest der ersten Haarlocke

Kefen: weiße Kleidung eines Toten

Kiras Guhertin: Seelenwanderung bedeutet übersetzt so viel wie Kleiderwechsel

Adani, Ketani, Shemsani: Sheikhkasten

Hasan Maman, Pir Afat, Pir Jarwan, Pir Haci Ali: Pirkasten

Mir: weltliches Oberhaupt der Yeziden

Babba Sheikh: religiöses Oberhaupt der Yeziden

Muriden: Laien

Babba Chawish: Verbringt sein ganzes Leben in Frömmigkeit in Lalish und verrichtet dort Dienste

Micewiran: Wächter und Pfleger Lalishs

Fexras: Frauenorden in Lalish

Kebani: Leiterin der Fexras

Sufismus: Islamische Strömung

PKK: kurdische Partei

MdB: Mitglied des Bundestages

MdL: Mitglied eines Landtages

14. KURDISCHE AUSSPRACHE [107]

Buchstabe	Aussprache
A	Langes a
B	Deutsches b
C	Dsch oder tsch
D	Deutsches d
E	Kurzes e oder langes e
F	Deutsches f
G	Deutsches g
H	Deutsches h
I	Kurzes e oder langes i
J	Französisches j
K	Französisches c
L	Deutsches l
M	Deutsches m
N	Deutsches n
O	Langes o
P	Französisches p
Q	Arabisches q
R	Gerolltes r
S	Doppeltes s oder deutsches sch
T	Deutsches t
U	Kurzes oder langes u
V	Deutsches w
W	Englisches w
X	Deutsches ch
Y	Deutsches j
Z	Stimmhaftes s

[107] Die Eziden und das Ezidentum von Sefik Tagay und Serhat Ortac

15. DANKSAGUNG

Ich bedanke mich bei meiner Mutter Waltraud Meyer-Hahn für die große Unterstützung. Dank an Birgit Krah für ihre Mitwirkung. Dann bedanke ich mich bei Yilmaz Tekce, die mir den Weg für diese Arbeit bereitet haben. Besonderer Dank geht an Ekkehard Hausin (Rechtsanwalt und Notar, 26133 Oldenburg), für die zur Verfügungstellung von zahlreichen Unterlagen. Mein Dank geht auch an Holger Geisler (ehemaliger Pressesprecher des Yezidischen Zentralrates), Sahap Dag (Vorsitzender des Yezidischen Forums), Guilistan Ibrahim (Studentin und Mitarbeiterin im Gemeindebüro), Ilias Yang (Mitarbeiter im Gemeindebüro), Telim Tolan (Gründer und ehemaliger Vorsitzender der Gemeinde), Hikmet Tolan (2. Vorsitzender des Forums), Ulf Prange (MdL, SPD), Dennis Rohde (MdB, SPD), Stephan Albani (MdB, CDU) und Peter Meiwald (ehem. MdB, Bündnis 90/Die Grünen) für die aufschlussreichen Interviews und die Hilfestellungen, die sie mir gegeben haben. Auch herzlichen Dank an die gesamte Gemeinde, die mich so freundlich aufgenommen hat. Ich danke Herrn Chaukeddin Issa (Buchautor des Buches, das Yezidentum Religion und Leben, Geologe, Berlin) für die Interviews und die viele Zeit, in der er mir viele Zusammenhänge in der Religion erklärt hat, ich möchte mich bei ihm, Holger Geisler und Telim Tolan für die immer zügige Hilfe über Whatsapp bedanken. Zum Schluss bedanke ich mich bei Kurt Nickel, der mir ein paar Kniffe bei Word gezeigt hat und Korrektur gelesen hat.

Dieses Buch basiert auf einem Beitrag zum Geschichtswettbewerb des Bundespräsidenten.

ÜBER DEN AUTOR:

Patrick Hahn, 2003, geboren, besucht derzeit die 10. Klasse des Jade-Gymnasiums. Er hat sowohl fünfmal bei Schüler Experimentieren teilgenommen, als auch mit vier Beiträgen am Geschichtswettbewerb des Bundespräsidenten teilgenommen. Alle vier erhielten einen Landessieg, einer sogar den 3. Bundespreis. Seine erste Veröffentlichung erschien unter dem Titel „Camp Churchill – Heimatlose Ausländer im DP-Lager Wehnen nach dem 2. Weltkrieg."